安徽省科学技术协会科普创作示范团队“黄山学院科普创作示范团队”科普创作成果

程静静◎编著

畅游徽州乡村

CHANGYOU HUIZHOU XIANGCUN

安徽师范大学出版社
·芜湖·

责任编辑：孙玉洁
装帧设计：丁奕奕
封面摄影：程大亮

图书在版编目(CIP)数据

畅游徽州乡村 / 程静静编著. —芜湖：安徽师范大学出版社，2016.10
ISBN 978-7-5676-2468-9

Ⅰ. ①畅… Ⅱ. ①程… Ⅲ. ①乡村—文化史—安徽省 Ⅳ. ①K295.4

中国版本图书馆CIP数据核字(2016)第084139号

畅游徽州乡村

程静静　编著

出版发行：安徽师范大学出版社
芜湖市九华南路189号安徽师范大学花津校区　　邮政编码：241002
网　　址：http://www.ahnupress.com/
发 行 部：0553-3883578　5910327　5910310(传真)　E-mail：asdcbsfxb@126.com
印　　刷：虎彩印艺股份有限公司
版　　次：2016年10月第1版
印　　次：2016年10月第1次印刷
规　　格：700 mm×1000 mm　1/16
印　　张：8.625
字　　数：150千
书　　号：ISBN 978-7-5676-2468-9
定　　价：22.00元

前　　言

徽州，一个你在当下地图上找不到的地市级行政区划名称。在徽州这片土地上，秦代开始设置歙、黟二县，隋代称歙县为歙州，北宋宣和年间改歙州为徽州。明清两代徽商崛起，徽州迎来了发展历史上最鼎盛的一个时期，形成了地域特色鲜明的徽州文化。这是一个让世人牵挂痴迷的徽州，明代文学家汤显祖曾说："欲识金银器，多从黄白游。一生痴绝处，无梦到徽州。"徽州代表了一段富庶和荣耀的历史。虽然当下中国地市级行政区划名录中斯名已逝，但走过古徽州的很多地方，看到的、听到的、感触到的都还是那种深入骨髓的徽州烙印。

你可以游走在青石板铺就的村落小径中，绕过迷蒙晨雾中的黛瓦粉墙，穿过古朴厚重的风雨廊桥，在敦厚的牌坊前驻足，抑或在深幽的古祠里徘徊；累了，移步于明清古宅，凭窗品一道"富室茶"，和古稀之年的徽州老妈妈聊聊家常，体验一下深远的徽商文化；饿了，围坐在八仙桌旁，尝一盘农家土菜，与慵懒的土狗耳语一番，享受自然淳朴的乡村生活。这一切如此从容恬静，让人恍若来到了陶渊明笔下的桃花源中，"有良田美池桑竹之属。阡陌交通，鸡犬相闻……"。

"无梦的徽州"会成为游客安放心灵的家园，她永远那么随和，那么容易让人亲近，无论是钟灵毓秀的山水，还是古老雍容的遗迹，或者是风情万种的民俗，都可以让你的心灵休憩。走过徽州，你对这片土地的眷恋会如缠绕的绿萝，盈满心框。

本书由2014安徽省科普产业发展研究项目资助，是安徽省科学技术协会科普创作示范团队"黄山学院科普创作示范团队"的阶段性成果，也是2014年度安徽省旅游业青年专家培养计划(AHLYZJ201416)的阶段性成果。

本书在编纂过程中参考并引用了大量网络资料，未能一一注明，在此特向各位作者及网站表示衷心感谢！书中宾馆、酒店、旅行社等主要资料统计时间截止到2016年1月。另外，本书所介绍的八个行政单位的风物特产以及民俗等，由于地缘相近，难免有重复之处（或并非某一地区特有），在此谨作说明。限于编者的学识，书中不足之处在所难免，祈请读者批评指正！

目　　录

第一章 徽州旅行总攻略

徽州位于安徽省、江西省与浙江省三省交界处皖赣两省境内，主体部分位于安徽省黄山市。境内群峰参天，山丘屏列，岭谷交错，有深山、山谷，也有盆地、平原，波流清澈，溪水回环，到处清荣峻茂，山灵水秀，犹如一幅风景优美的图画。其秀美瑰丽的山河景色与世外桃源般的田园风光让多少文人骚客魂牵梦绕，让人由衷发出“一生痴绝处，无梦到徽州”的人生感叹。

一、地名辨析

徽州有着丰富的自然资源与历史人文遗迹，其主体部分黄山市是著名的国际旅游城市。徽州为历史地理名词，源于北宋的行政区划名——徽州，元为徽州路，明、清为徽州府。徽州及其派生词徽州路、徽州府作为一直统辖固有六县的行政区划名在历史上前后共计存在了近780年（1121—1357，1367—1911）。

徽州在绝大多数语境下代指稳定管辖歙县、黟县、婺源、绩溪、祁门、休宁六县而未变更行政管辖范围的徽州地域，依历史朝代不同又可分别指代徽州、徽州路、徽州府，现分属皖赣两省三市（除婺源属江西省上饶市，绩溪属安徽省宣城市外，其余四县均属安徽省黄山市）。1949年设徽州专区，属皖南行署区，专署驻屯溪市，辖屯溪市及歙县、旌德、绩溪、休宁、祁门、黟县等六县。1987年11月27日，经国务院批准改徽州地区为地级黄山市；改原县级黄山市为黄山区，属地级黄山市；将屯溪市改为屯溪区；将绩溪县划归宣城地区。1988年4月，地级黄山市正式成立，辖三区四县，即屯溪区、徽州区、黄山区、歙县、黟县、休宁县和祁门县，地市级行政区名“徽州”退出历史的舞台。黄山市“因景而名”“因山而名”，游客容易产生以下四种地名方面的误解。

第一，黄山市市政府驻屯溪区，屯溪区处在黄山市交通网络的中心位置，黄山火车站和机场都在屯溪区，“到了黄山市，观光山面”。

第二，黄山区，属黄山市市辖区，在黄山北麓，区政府驻地甘棠镇离黄山风景区北大门约20千米，当地人还是习惯称黄山区为太平。

第三，徽州区，属黄山市市辖区，由歙县原岩寺镇划出成立徽州区，当地人习惯称之为岩寺。

第四，世界文化与自然双重遗产——黄山风景区，黄山南大门汤口镇是进入黄山风景区最主要的门户，即使全程高速，这里离黄山市屯溪区也有约60千米的路程。

徽州，不仅仅是一个行政区划上的概念，还是一个泛徽州文化区域的概念。

二、旅游概述

本书为了凸显徽州的文化同源性，在写作过程中根据徽州府的地域范围，围绕两区六县阐述，分别为徽州区、屯溪区、歙县、黟县、祁门县、婺源县、休宁县、绩溪县。

（一）资源概况

1.山水优美

境内风光秀丽，品位极高。徽州现有世界文化与自然双重遗产1处——黄山风景区，世界文化遗产1处——皖南古村落（西递、宏村），世界地质公园1处——黄山国家地质公园，国家AAAAA级旅游景区5处——黄山风景区、皖南古村落（西递、宏村）、古徽州文化旅游区、婺源江湾景区、绩溪龙川景区，国家AAAA级旅游景区38处，国家级风景名胜区3处——黄山风景名胜区、齐云山风景名胜区、花山谜窟-渐江风景名胜区，国家森林公园3处——黄山国家森林公园、齐云山国家森林公园、徽州国家森林公园，国家地质公园3处——黄山国家地质公园、齐云山国家地质公园、牯牛降国家地质公园，国家级自然保护区2处——安徽清凉峰国家级自然保护区、牯牛降国家级自然保护区，中国历史文化名城2座——歙县、绩溪县，中国历史文化名街1处——歙县渔梁街。

2. 文化灿烂

徽州自秦置县以来，已有2 200多年历史。这里既是称雄中国商界300余年的徽商故里，又是徽州文化的重要发祥地。新安画派、新安医学、徽派民居、徽州三雕、徽派盆景影响至今，徽剧和徽菜全国闻名。

3. 生态优质

徽州气候湿润，植被茂盛，生态环境优美，是华东地区重要的生态屏障。黄山市森林覆盖率达77.4%，地表水优质率保持100%，空气质量优良率超过95%；黄山风景区空气负氧离子浓度长时间稳定在20 000个 / 立方厘米以上，PM2.5日均浓度值5微克 / 立方米，是名副其实的“天然氧吧”。

4. 物产丰饶

徽州既是全国“十大名茶”中祁门红茶、黄山毛峰的原产地，又是华东地区木竹、蚕桑、水果、食用菌、中药材的主产区之一。文房四宝中的徽墨、歙砚均产于徽州。万安罗盘是我国古代四大发明之一——指南针的延续和发展，1915年在巴拿马万国博览会上获得金奖。

5. 区位优越

徽州地处皖浙赣三省交界处，自古就是“三省通衢”。现已建成到杭州、合肥、武汉、景德镇等地的高速公路。黄山屯溪国际机场为4D级口岸机场，现已开通至首尔、釜山等3条境外航线和北京、上海、广州等20余条国内航线。黄杭、皖赣两条高铁正在加快推进，京福高铁2015年7月全线通车，交通非常便捷。

（二）著名品牌

本书所说的徽州指的是徽州区、屯溪区、歙县、黟县、祁门县、婺源县、休宁县、绩溪县两区六县，因此，所获得荣誉品牌按照此八个区县列举如下。

1. 徽州区

2000年，徽州区蜀源村荣获“华东休闲养生第一村”称号。

2014年，徽州被中国养蜂学会授予“中国蜂蜜之乡”称号。

2014年，古徽州文化旅游区被评为“国家AAAAA级旅游景区”。

2015年，徽州区入选“最具文化创意旅游乡村”。

2.屯溪区

2013年，屯溪区荣获“全省发展民营经济先进县(区)”称号。

2016年，屯溪区荣获“全国绿化模范县(区)”称号。

3.歙　县

1986年，歙县被评为“中国历史文化名城”。

2009年，歙县荣获“安徽人居环境奖”。

2011年，渔梁街被评为“中国历史文化名街”。

2013年，歙县荣获“安徽省生态县”称号，入选“中国十大休闲小城”。

4.黟　县

2000年，黟县宏村古建筑群被评为“全国重点文物保护单位”，宏村被评为“中国历史文化名村”，宏村景区荣获“安徽省文明风景区”等称号。

2001年，皖南古村落——西递、宏村被评为“世界文化遗产”，西递村古建筑群被评为“全国重点文物保护单位”，西递村被评为“中国历史文化名村”。

2007年，黟县被评为全国首批“中国旅游强县”。

2011年，皖南古村落——西递、宏村被评为“AAAAA级旅游景区”。

2015年，黟县荣获首批“安徽省食品安全示范县”称号。

2016年，关麓村、宏村、西递村荣获“中国最美古村落”称号。

2016年，黟县荣获“中国乡村民宿发展示范县”称号。

5.祁门县

2011年，闪里镇荣获“全国环境优美乡镇”称号，历口镇环砂村荣获“国家级生态村”称号。

2014年，祁门县先后荣获“中国茶业十大转型升级示范县”“全国重点产茶县”“安徽茶产业十强县”等称号。

2015年，祁门县荣获第六批“安徽省休闲农业与乡村旅游示范县”称号。

6.婺源县

2007年，婺源县古村落保护工程荣膺全国城市建设与管理的最高奖项“中国人居环境范例奖”，婺源县入选首批“中国旅游强县”。

2009年，婺源县获批为首批国家可持续发展实验区。

2010年，婺源县入选“2010·CCTV中国年度品牌”，荣获“2010中国青年喜爱的旅游目的地”称号。

2011年，婺源县荣获首批“全国休闲农业与乡村旅游示范县”称号。

2011年，婺源县荣获“中国最具影响力乡村旅游目的地奖”。

2014年，婺源县荣获“影响世界的中国文化旅游名县”称号。

7.休宁县

2012年，齐云山风景名胜区荣获“安徽旅游景区十大新品牌”称号。

2013年，休宁县荣获“全国生态文明先进县”、第三届“安徽省文明县城”称号。

8.绩溪县

2010年，绩溪县荣获“中国优秀文化旅游名县”称号。

2010年，龙川村荣获“全国生态文化村”称号。

2011年，绩溪县被授予“中国徽墨之乡”称号。

2016年，绩溪县荣获第二届“安徽省文明县城”称号。

三、行程推荐

徽州地域辽阔，兼山水人文之胜，并非几日就可览尽大美风情，再加上徽州周边地区，这就需要一个较长的旅游行程了。

（一）十二天，从容漫步徽州

一个比较完整的徽州之旅所需的时间较长，加上出发、返回的时间，则需要更多的时间来完成畅游徽州的行程，一般把屯溪作为在徽州旅行交通的中转站。

第一天：到达屯溪，逛屯溪老街，夜宿老街风情青年旅舍，尝尝“第一楼”美食、“汪一挑”馄饨。

第二天：在黄山长途汽车站旅游集散中心乘2路旅游公交车，游览潜口民宅、唐模、棠樾牌坊群•鲍家花园，夜宿歙县县城。

第三天：游览歙县徽园、许国石坊、斗山街、渔梁坝，徒步新安江山水画廊，夜宿歙县。

第四天：游览歙县雄村、许村，感受徽州古村落的风俗人情，夜宿歙县。

第五天：从歙县前往绩溪县，游览仁里、龙川景区，夜宿绩溪。

第六天：游览绩溪上庄景区、胡雪岩纪念馆、三雕博物馆，夜宿绩溪。

第七天：早上乘车到黄山汤口，从黄山南门上黄山，夜宿黄山。

第八天：下山后返回黄山汤口，下午可返回屯溪住宿或继续行程。

第九天：若继续行程，可从黄山汤口乘去往黟县的班车，夜宿宏村。

第十天：游览宏村、南屏、西递景区，夜宿西递。

第十一天：在西递景区门口乘坐从黟县去往屯溪过休宁齐云山的班车，登齐云山，夜宿齐云山。

第十二天：齐云山游览结束后，返回屯溪。

（二）精品旅游线路推荐

徽州历史文化源远流长，旅游资源丰富，旅游景点众多，下面给大家推荐几条旅游线路。

1.世界遗产经典之旅

线路：黄山—皖南古村落西递、宏村—棠樾牌坊群•鲍家花园。

2."两山一湖"祈福之旅

线路：合肥—九华山—太平湖—翡翠谷—黄山—龙川—屯溪老街—花山谜窟—新安江滨水旅游景区。

3.古徽州文化筑梦之旅

线路：龙川—屯溪老街—胡开文墨厂—古徽州文化旅游区（呈坎、潜口民宅、唐模、棠樾牌坊群•鲍家花园、徽州古城）—欣赏大型多媒体歌舞演出"徽韵"—江湾。

4.黄山摄影快乐之旅

线路：黄山—木坑竹海—塔川—宏村—卢村—柯村—石潭—坡山—阳产—新安江山水画廊—婺源篁岭。

四、交通指南

（一）区外交通

徽州主体部分位于安徽省最南端，西南与江西景德镇市交界，东南与浙江开化、淳安、临安为邻，东北与旌德、泾县接壤，西北与池州市的石台、青阳、东至县毗邻。作为中国最重要的旅游胜地之一，徽州的对外交通非常便利，一般游客都会以黄山屯溪区或者江西景德镇作为进出该区的通道入口。

（1）航空：飞机是进出徽州最为便捷的交通方式。黄山、景德镇都有机场，特别是黄山屯溪国际机场、南昌昌北国际机场，开通了飞往北京、上海、广州、深圳、厦门、合肥、天津、海口、福州、杭州、武汉、西安、桂林、昆明、珠海、香港、澳门等地的航线。

（2）公路：公路是进出徽州最主要的交通方式，有徽杭高速以及连接上海、南京、九华山等地的沿江高速、318国道、205国道及安徽的322省道，从杭州出发经高速公路约4小时就可以到达黄山市。景德镇、婺源、黄山之间有高速公路连接，各地区之间都有长、短途汽车，以及景区汽车相连接。通往徽州的主要高速有徽杭高速、合铜黄高速、扬绩黄高速、景婺黄高速、黄衢南高速、屯祁景高速、济祁高速等。

市域公路主要联系市区与县城、县城与重点城镇、重点城镇与一般城镇，在此基础上还建设了环黄山公路、环太平湖公路，使偏远乡镇到达中心城区的时间控制在1～2小时。

（3）铁路：徽州地区的主要火车站为黄山火车站，位于屯溪区前园北路；黄山北站为黄山高铁站，位于黄山市新城区站前大道以南。途经此处的铁路干线有皖赣铁路、京福高铁。黄山火车站开通了直达北京、上海、青岛、南京、合肥、景德镇、南昌、厦门、鹰潭、福州等地的班车。

（4）水运：徽州地区的北面是长江，长江中、上游如四川、湖北的游客可以乘坐江轮在池州或铜陵上岸，再乘汽车来黄山。

（二）区内交通

公路是徽州最普遍的交通方式，各个小镇之间都通班车。同时，徽州地区的公路大都依山傍水，沿途自然风光美不胜收。

徽州区域内各个景点间的公路状况良好，都为柏油路面，特别是屯黄公路的开通缓解了205国道的运输压力。徽州区和歙县的乡镇公路也已整修完毕，大大方便了游客和当地居民的游览和出行。在婺源县，从县城到几个镇的公路状况都很好，沿途景色优美。

此外，市区、县城均有城市公交车与人力三轮车。黄山市内的交通工具主要是公交车、出租车和人力三轮车。

五、准备行囊

（一）旅行资金

徽州地区县级及以上的城市都有各大银行的营业网点。乡镇一级的地方一般有中国农业银行、农村信用合作社、中国邮政储蓄银行等网点，且都有自动取款机（ATM），所以携带这几种银行卡即可提取现金。黄山风景区北海景区也有支持银联的自动取款机。旅行资金根据自己的旅行预算上浮30%左右即可。

（二）证　件

随身携带身份证。学生证、记者证、教师资格证、军官证等在徽州很多景点都有门票优惠，说不定有的景区门票全免。

（三）背　包

根据行程长短选择合适的背包。一般而言，在徽州地区旅行用不着大背包，特别是登黄山的时候，如果背大背包，很快就会感到疲惫。

（四）摄影器材

备好自用的相机、电池、充电器等。冬季时到徽州地区旅行摄影，需要准备几个柔软、防水的塑料袋，这对保持你的相机干燥，避免机身、镜头等结水雾很有帮助。

（五）衣　物

徽州地处江南，属亚热带气候区，应根据季节准备相应的衣物。秋冬两季需要多备一件保暖防风衣及抓绒衣；春夏两季降水较多，特别是清明和梅雨季节前后，可根据天气情况选择雨具。一般各大风景区都有卖轻便雨衣的，如果旅行时间较长，建议天晴后将用过的雨衣保管好，遇雨时再用。很多游客图方便将其扔掉，既污染环境、浪费资源，结果到了下一个景区又花钱买雨衣。此外，选择合适的鞋子也很重要，轻便的登山鞋或徒步鞋均可，同时还要准备两双以上吸汗的棉袜子。

（六）洗漱护理

需准备自用毛巾、旅行折叠牙刷、牙膏。另外，女生还需要准备防晒霜、其他女性护理用品等，不需要太多。

（七）必备药品

徽州地区的医疗设施普及率较高，只需备好常用的感冒药、止泻药即可。如果夏天前往的话，一定要带上花露水、风油精等以驱蚊虫。

六、巧择住宿

徽州地区的旅游资源丰富，旅游人次较多，住宿接待能力比较充裕，所以可供选择的各类宾馆客栈也相对较多。有现代化的各类型酒店，有特色的古村落客栈，有便宜、便捷的青年旅舍，也有景区景点提供的户外住宿设备，等等。

然而由于季节性的差异，住宿的淡旺季价格差异比较大，而且旺季的住房也很紧张，建议提前预订或者错开高峰期。

七、善择饮食

徽菜为全国八大菜系之一，发源于南宋时期，起源于徽州绩溪。徽菜历史上以烹制山珍野味而显其特色。因古徽州地处皖南山区，山珍野味非常丰富，有山鸡、斑鸠、甲鱼等野味，有野蕨、冬笋、香菇、石耳等山珍，为徽菜提供了特殊而又丰富的原材料。徽菜的形成与徽州独特的地理环境、人文环境、饮食习俗密切相关。绿树成荫、沟壑纵横、气候宜人的自然环境，为徽菜提供了取之不尽、用之不竭的徽菜原材料。同时，徽州名目繁多的风俗礼仪、节庆活动，也有力地促进了徽菜的形成和发展。

徽菜的主要名菜有"火腿炖甲鱼""腌鲜鳜鱼""问政山笋""黄山炖鸽"等上百种。

八、旅行安全

由于徽州山岭较多,旅游者在游览过程中应注意"走路不观景,观景不走路",一定要注意人身安全。此外,旅游者出游前可以给自己购买一份户外旅行保险。

九、注意礼节

徽州,古为山越之地,在汉族迁入之前盛行"蛮民"习俗。只是在中原居民大量迁入皖南山区之后,才真正改变了山越的风俗习气。古代,徽州人捍卫乡土的观念相当浓厚,这是因为古徽州山林中的土著山越居民向来有"勇悍尚武"之风,加上外来居民入居徽州,他们必须为自己创造一个安全的生存环境。所以,徽州形成了一种"难以力服而易以理胜"的特性,成为安全的避难场所。由于徽州居民在思想上受到浓厚的宗族观念支配,徽州境内建祠祭祖、树碑立传极为盛行,几乎每个宗族都有自己的宗祠,有乡人共建的祠堂,有同姓族人共建的祠堂,也有大族分派所建的支祠。旧志载:邑俗旧重宗法,聚族而居,每村一姓或数姓;姓各有祠,支分派别,复为支祠。古徽州,由于奉行朱熹的《家礼》,礼仪规范甚严,有着森严的尊长卑幼的等级观念,葬礼和祭礼十分隆重。过去对祖坟有一年三祭的习俗,后来经过革繁就简,保留了清明节祭扫的习俗。

我们要适应当地的风俗习惯,尊重当地的风俗礼节,做一个文明的旅行者,同时感受不一样的地域文化。

第二章　徽州区——乡村旅游的后发地

徽州区，隶属于安徽省黄山市，地处黄山风景区南麓，是古徽州地名唯一传承地，是黄山市重要的工业基地、物流基地、休闲观光旅游接待基地、特色农产品生产加工基地和环境优良的城市新区。全区面积约430平方千米，辖1个街道（徽州街道）、七个乡镇（岩寺镇、西溪南镇、潜口镇、呈坎镇、洽舍乡、富溪乡、杨村乡），49个村委会，9个居委会，总人口10.2万人。

古徽州文化旅游区位于徽州区和歙县境内，由徽州古城、棠樾牌坊群、唐模、潜口民宅、呈坎五大精品景区组成，北依黄山，南接千岛湖。徽州古城是古徽州府治所在地，是保存最为完好的中国四大古城之一。棠樾牌坊群为中国最大的牌坊群，由明清七座紧紧相连的石坊组成，蔚为壮观。唐模，有“中国水口园林第一村”的美誉，田园风光优雅别致，法式浪漫风情与徽州古村落丝丝入扣。呈坎，被誉为“中国风水第一村”，这里融自然山水为一体，按《易经》八卦风水理论选址布局，诠释了天地万物相生相克的先哲理论。潜口民宅被誉为“我国明清民间建筑艺术的活专著”，荟萃了明清时期徽州最经典、最具代表性的徽州民居等。古徽州文化旅游区通过对古城生活、宗祠文化、牌坊文化、徽商文化、村落文化、民居文化的聚集，将中华地域文化之一的徽州文化完美鲜活地呈现于世。

一、食在徽州

（一）潜口酒酿饼

酒酿饼是徽州当地人非常喜爱的一种下午茶点，上山采茶或做事回家顺道时都要买一个。请人帮忙做事，东家就会拿它当“下顿”（徽州方言“下午茶”）。黄山市徽州区潜口镇蜀源村的酒酿饼采用传统工艺制作，素以色泽光亮、口感细腻著称十里八乡。

（二）潜口点心

潜口点心又称潜口馄饨，鲜香味美，深受当地人喜爱。潜口点心皮薄馅嫩，汤清味鲜，做法讲究，水沸后放入馄饨，水再次沸腾时加入一碗凉水，如此重复三次，馄饨即熟。

（三）呈坎八卦宴

八卦宴是南宋理学家朱熹创制并用来待客的一种礼仪。八卦宴最大的特色是各种菜肴的排列：在八仙桌上画上八卦图，正中为太极，其八方分别为乾、坤、震、巽、艮、坎、离、兑八种卦覆，严格按照“易有太极，易生两仪，两仪生四象，四象生八卦”的道理创制各味菜点；太极为翡翠羹，两仪分别是上玄天混丸和太乙阴阳蛋，四象则是百发圆子、莲塘君子、桂花虾仁、油焖双冬，象征一年四季，八卦按方位排有素炒鳝鱼丝、香油凤腿、酒酿冬菇、宫保鸡丁、竹笋肉丝、溜鸡肝卷、白炒木耳、八宝吉祥，菜名各有寓意，可谓独具匠心。迄今为止，八卦宴一直流传了800多年，经后人不断整理，现已成为我国饮食中的一朵奇葩。

（四）灵山酒酿

灵山酒酿用上等糯米酿制而成。在黄山市城区或集镇的街头巷尾，常可以看见有人挑担子叫卖“甜酒酿”。担子两头是两只石鼓形的竹篮，竹篮上的盖子中间镶着玻璃，玻璃下面放着一碗碗米酒酿，米酒酿中间还有一个凹坑，里面溢满了甜酒汁。

（五）石锅鱼羊鲜

石锅鱼羊鲜，顾名思义，此菜的主料就是鱼和羊了。这是坤湖山庄的特色菜肴，关于此菜，还有个典故。相传朱元璋兵败徽州，粮草尽失，锅盆俱弃，将士逮鱼捞虾，捕禽猎兽，得山羊一只，鳜鱼数条，乃垒石为灶，以铁盔为锅，置鱼块、羊肉诸物于铁盔中烹煮。璋食之，觉鱼鲜肉爽，精神大振，于是便问：“何以如此鲜美？”将士答曰：“石锅鱼羊鲜。”璋念：“鱼乃兴旺之兆，羊乃聚宝之物。鱼羊合成为鲜。”然其命传令三军，但有大小战役，皆以“鱼羊鲜”壮三军之威。

（六）方腊鱼

方腊鱼，又名“大鱼退兵将”，是取鱼中上品鳜鱼，特别是皖南黄山一带山溪名产桃花鳜，采用多种烹调方法精制而成。此菜造型奇特，口味多样。鳜鱼在盘中昂首翘尾，有乘万顷波涛腾跃之势，是不可多得的黄山佳肴。烹调方法有蒸的、烧的、炸的、软熘外加酿蟹盒的，其味咸鲜、香松、酸甜、滑嫩。一菜之中多形、多色、多味，可谓别有风味。

（七）葛粉圆子

葛粉圆子是徽州山区汉族传统小吃。徽州山区盛产葛根，性凉、味甜，葛根榨洗出的淀粉名葛粉，又名山粉，徽州民间常用以制作点心类食品。

表2.1　徽州区部分特色餐饮小吃店一览

单　位	地　址
黄山水香园土菜馆	潜口镇紫霞大道56号
乡味土菜馆	徽州区永佳大道460号
丰乐湖农庄	呈坎镇梁上村蛇龙平3号
德懋堂容成会所	徽州区丰乐湖景区
呈坎善居人家	呈坎镇呈坎村呈坎景区入口

二、住在徽州

“一生痴绝处，无梦到徽州。”提起徽州，人们总会想起那高高的马头墙，青色的蝴蝶瓦，小桥流水人家的恬静，一个令人魂牵梦绕的江南古村。而如今的徽州人，充分利用徽州得天独厚的旅游资源发展旅游，酒店业也得到了蓬勃发展。徽州的酒店类型多样，既有星级酒店，也有各具特色的乡村旅馆。

表2.2　徽州区部分酒店民宿客栈一览

单　位	地　址
黄山华商山庄	徽州区徽州文化园
黄山德懋堂度假村	徽州区呈坎镇丰乐湖德懋堂
黄山云海山庄	徽州区文峰路45号
黄山新华联豪生大酒店	徽州区永佳大道899号

续 表

单 位	地 址
隐先生善品度假民宿	呈坎镇呈坎村呈坎景区永兴湖畔
呈坎818乡村客栈	呈坎镇呈坎村呈坎景区永兴湖畔

表2.3 徽州区部分农家乐一览

单 位	地 址
黄山唐模法国家庭旅馆	徽州区潜口镇唐模景区内
黄山首善官邸	徽州区呈坎镇钟英街31号
蜀源农家乐	徽州区潜口镇蜀源村口正北10米
徽州区青年旅社	徽州区岩寺镇老街29号

三、畅行徽州

1.铁 路

若从北京等其他地方前往徽州区，可先乘火车到达黄山火车站，然后再转乘汽车到达徽州区。

2.公 路

205国道、慈张公路穿境而过，合铜黄高速公路和徽杭高速公路在此交会。

路线一：可以从黄山汽车站坐车到岩寺。

路线二：走合铜黄高速在岩寺出口下高速。

3.市内交通

徽州区内有公交车在各个景点及火车站之间来往。

表2.4 徽州区部分旅行社一览（截至2014年）

单 位	地 址
黄山市徽州区教育旅行社	徽州区文峰路
黄山诗画江南旅行社	徽州区永佳大道353号
古徽州文化旅游区游客中心	徽州区迎宾大道
黄山大众旅行社徽州区分公司	徽州区三华园

四、乐购徽州

(一)香　榧

香榧系红豆杉科榧属植物，是我国特有的珍稀干果。香榧树全身是宝，具有果用、油用、药用、绿化、观赏等多种功能。香榧富含蛋白质、脂肪、糖分和人体所必需的多种维生素，营养极为丰富，具有较高的药用和保健价值，经常食用对清肺、润肠、化痰、止咳、驱虫、消痔都有显著效果。

(二)徽州猕猴桃

徽州猕猴桃，有人认为它外形像马铃薯，当地人称之为“洋桃”。猕猴桃十分有名。又传，2 000多年以前，黄山上生长着一种野果，黄山的猕猴喜欢采食这种野果，所以人们就叫它“猕猴桃”。徽州山区到处都有猕猴桃生长，它是一种藤本植物，攀援在各种树木上，肥大的叶子，带刺的藤茎，一串串果实，实在惹人喜爱。猕猴桃的一身都是宝，种子可制油，花可作香精，根可入药，藤叶是制造印染胶的原料之一。

(三)竹艺轩竹雕

竹艺轩生产手工雕刻和激光雕刻的竹简、竹雕画、竹雕笔筒、竹雕对联、竹根雕、竹雕臂搁、竹雕挂历等竹工艺品。产品以黄山盛产的毛竹为原料，以刀代笔，因材施艺，因需造型，将诸子经典、名人墨迹、名胜古迹、山川风貌、民间传说、神话故事、珍禽异兽等中国传统文化内容表现在产品上，《兰亭序》《孙子兵法》《三十六计》《心经》等竹雕作品深受大家喜爱。竹雕产品古朴厚重，富有深厚的文化内涵，适合家居、酒店装饰、馈赠礼品及个人收藏。

五、玩转徽州

钟灵毓秀的徽州人才辈出，其中以朱熹、毕昇、王茂荫、黄宾虹、陶行知等人物最为著名，有新安画派、新安医学、徽派民居、徽派盆景等诸多流派，歙砚、徽墨、徽剧、徽菜等更是蜚声中外。江南水乡，山水画廊，引迁客骚人提笔留墨。下面就给大家推荐几条乡村旅游线路。

（一）古徽州秋意体验一日游

在潜口下高速后，前往红色教育基地新四军军部旧址（廉政教育馆），感受革命前辈的抗日精神—中餐后乘车游览“中国水口园林第一村”唐模—后乘车赴灵山景区体验徽州古梯田采风—游览徽州古民居的代表潜口民宅，之后结束愉快旅程。

（二）黄山风水文化体验二日游

第一天：乘车抵达黄山风景区，坐缆车上山游始信峰、北海、西海、光明顶、玉屏楼（迎客松）等景点，坐缆车下山后赴徽州区，宿徽州区。

第二天：前往“中国风水第一村”呈坎，体验“走进呈坎，一生无坎”之灵气—后赴“中国水口园林第一村”唐模游览，感受“全村同在画中居”之意境，品尝农家宴（中餐）—再赴潜口免费参观中国明清建筑博物馆潜口民宅—后赴谢裕大茶叶博物馆参观，品尝黄山毛峰，结束游程。

（三）徽州踏青赏花二日游

第一天：中午抵达徽州区就餐后，游览“中国风水第一村”呈坎—沿途观赏金黄油菜花立体画卷——灵山明代梯田—后赴城区黄山毛峰鼻祖谢裕大茶叶博物馆品茶，参观竹艺轩（竹木雕刻），购买旅游纪念品—宿徽州区。

第二天：游览全国最大的茶花基地——黄山茶花生态园—再前往“中国水口园林第一村”唐模游览—中餐后游览潜口民宅，结束行程。

（四）民俗风情娱乐

1.舞龙灯

时间：农历正月十五元宵节。地点：徽州区。

元宵节是中国的传统节日，元宵节“舞龙灯”之俗亦由来已久。独具特色的

"板凳龙"这一民俗繁见于徽州的地方文献中。通过对当地村落概况及元宵节"板凳龙"习俗的研究,可以看出中华汉族地区的"龙"信仰在徽州地区的传播,折射出传统儒家思想在徽州地区的深远影响,而这一民俗事象得以传承延续亦是其社会功能的体现。

2.上九庙会

时间:农历正月初九。地点:徽州区岩寺镇。

农历正月初九为唐朝忠烈张巡和许远殉难日,岩寺镇每年都会于此日举行庙会纪念,俗称"上九会"。会期三天,初八开始,初十结束。庙会期间,举行游神、祭神活动,搭台唱戏,各地商贩亦前来赶会,摆设摊点,各种农副土特产品、农具和日用百货应有尽有。"上九会"现已失去原来纪念张巡、许远的意义,取消了游神活动,成为一年一度的物资交流会。

3.跳钟馗

时间:端午节。地点:徽州区岩寺镇。

一种民间舞蹈,又称"嬉钟馗",流行于徽州区岩寺镇、歙县朱家村一带,据载在万历年间就有此习俗。每年端午节,这些地区都要"嬉钟馗",最初是以木偶架在肩上嬉耍,后来发展到由人扮演钟馗在村中巡游嬉耍。近年来,歙县郑村镇的堨田村,每年端午节都要举行这项活动,很是热闹。

4. 花朝节

时间:农历二月初二。地点:徽州区。

农历二月初二是土地爷的生日,徽州称为"龙抬头"。大约是因进入春天,雨水渐多,可以听到雷声了,所以有这种说法。在农村,这一天,农夫忌下地,妇女忌拿针线,清闲过一天。二月初二又为百花生日,故又称"花朝节",这一天,文人陈设百花,举行文昌会,比赛诗文。

5.腊八节

时间:农历十二月初八。地点:徽州区。

农历十二月初八是腊八节,因农历十二月称"腊月",故名。"腊八"一过,春节临近,家家户户要从腊八这天起,清扫屋宇灰尘。当天要吃腊八粥,黟县、休宁县北乡一带还晒干豆腐,称"腊八豆腐"。腊八过后,家家开始宰年猪,互相请吃杀猪酒,裹糯米粽,煎油豆腐,炒花生、蚕豆,做芝麻糖、冻米糖等。还有人家将婚嫁喜事安排在这一天举行,故有民谣曰:"腊八腊八日子好,多少姑娘变大嫂。"

六、游遍徽州

徽州区地处黄山风景区南麓，境内保存有徽派古建筑300余处，环境优美，人文积淀深厚，旅游资源丰富。

（一）唐模——中法乡村旅游示范点

1.景点介绍

唐模村，原为歙县所辖，现属徽州区，是唐朝越国公汪华的太曾祖父汪叔举创建的。公元623年，汪华的后裔汪思立迁回故乡，起先居住在山泉寺。年近古稀的汪思立博学多才，精于天文地理，相中了山泉寺对面的狮子山，而且那里有太祖叔举种植的大片郁郁葱葱的银杏树，认为在那里居住可以发子发孙，故汪思立率儿孙迁到狮子山居住。经过几代人的辛苦劳动，先后建设了中汪街、六家园、太子塘等建筑物，逐步形成了一个聚族而居的村落。汪思立率儿孙重返徽州时正值后唐建立，诸侯纷争，强盛的唐朝已不复存在。汪氏子孙不忘唐朝对祖先的恩荣，决定按盛时的规模建立起一个村庄，取名“唐模”（另一说按盛唐时的模式、风范、标准建立）。1087年，郡北许村的许贵一、许贵二兄弟俩因父母双亡，投靠唐模姑父家。经过几代繁衍，许氏比当地的汪、程、吴三姓人丁更为兴旺，成为唐模的大姓望族，但他们不忘姑父的收养之恩，仍沿用“唐模”这个村名。唐模村庄的形成、命名，是古代徽州人重视风水与忠君思想相结合的产物，深深地印上了历史文化的烙印。

现唐模村以狮子山为支撑点，村的西南面有一方圆数十里的丘陵地带象形山；东、北、西面是广阔的小平原；越过狮子山7里即为丰乐河。如今村中还保存着较完好的青石板路，一条小溪穿村而过，溪中有一座清代建造的高阳桥。过桥即见小溪南面的古银杏林，林前有太子塘，塘侧有太子庙，紧依太子庙是一座典型的徽州建筑“状元府”。过高阳桥沿小溪北面而下，有尼姑庵和许氏大祠堂，再往前便可见到闻名中外的唐模小西湖。越过小西湖，即见全国罕见的“同胞翰林”牌坊。八角亭、蜈蚣桥深深掩藏在郁郁葱葱的樟树林中。唐模村堪称一座园林式古建筑博物馆。

人称"白果仙翁"的千年银杏古树是唐模村的一大奇观。这棵古银杏树年已1 300余岁，传为唐越国公汪华族人所植。古树下段中部已空，偌大的树洞就连成人都能轻松地穿越。令人称奇的是，历经沧桑，寿逾千年的古树，不仅依然郁郁葱葱，而且金秋时节果实累累，难怪民间有"千年古树已成精"的美妙传说。唐模"白果仙翁"之说虽为附会，但古树的宝贵价值却不可轻视。1998年，北京园艺专家在考察黄山迎客松时听说唐模有株千年银杏，直奔而来，惊叹不已，叮嘱当地工作人员一定要像保护迎客松一样保护它。

2.名人点赞

在2014安徽旅游盛典中，唐模法国家庭旅馆以其浓郁的徽派风情、浪漫的法式情调、舒适淡雅的环境、细心周到的服务获评"2014新浪徽州精品旅舍推荐民宿"。此次获评不仅提升了唐模法国家庭旅馆的品牌影响力，也提高了唐模景区旅游的知名度与美誉度。

2007年1月，时任安徽省省长王金山同志在参观完唐模水口园林后指出，唐模景区的水口园林是徽州最完整、最具代表性的古村落水口园林之一，也是徽州文化为数不多的地面文物遗存，很有特色。

3.景点信息

地址：黄山市徽州区唐模景区。

交通：唐模景区位于黄山市徽州区潜口镇境内，距徽州区政府所在地岩寺镇10千米，距黄山市中心城区（屯溪）约26千米，与黄山风景区相距43千米，距国家历史文化名城歙县城区约12千米。唐模的二级旅游公路的改道拓宽工程已经完成。

根据出发地的不同，有不同的自驾车线路：①上海—杭州—临安—昱岭关—歙县—唐模；②南京—马鞍山—芜湖—南陵—旌德—歙县—唐模；③合肥—芜湖—铜陵—九华山—岩寺—潜口—唐模；④武汉—界首—合肥—铜陵—九华山—岩寺—潜口—唐模（或者从沿江高速经安庆、铜陵至太平，由205国道到唐模）；⑤南昌—景德镇—婺源—休宁—黄山市屯溪区—岩寺—潜口—唐模。

用时参考：2～4小时。

(二)潜口——采菊东篱看潜口

1.景点介绍

潜口民宅位于黄山市徽州区潜口镇紫霞山麓，由明代民居建筑群和清代民居建筑群组成。明代民居建筑群(明园)、清代民居建筑群(清园)分别于1990年和2007年建成并对外开放。

按照“整体搬迁、集中保护”的原则，潜口民宅将原散落于民间且不宜就地保护的明清建筑进行集中保护，荟萃了明清最典型的民居、祠堂、牌坊、戏台、亭台、拱桥等24处古建筑，被誉为“我国明清民间建筑艺术的活专著”，是研究中国古建筑史和建筑学的珍贵实例。潜口民宅于1988年1月被国务院公布为全国重点文物保护单位，2007年8月被评为国家AAAA级旅游景区。

(1)潜口民宅：包括山门一套，石桥、路亭、石坊各一座，祠社三幢，宅第四幢，占地17 000多平方米，茂林修竹，景色清幽，依山就势，错落有致，从各个角度都可以观赏到完美的建筑形象。

(2)文峰古塔：从潜口民宅前行约5千米至岩寺，便可见文峰古塔傲然立于岩寺古镇之中。该镇为徽州区政府所在地，旧为登临黄山的咽喉之地。岩寺附近著名景观除潜口民居外，还有全国文物保护单位呈坎宝纶阁和老屋阁及绿绕亭等一大批古建筑，以及许海峰国际射击俱乐部、黄山垂钓中心等现代游乐设施。岩寺建有新四军军部旧址纪念馆，留有陈毅元帅等在此战斗生活的遗踪。

(3)司谏第：位于潜口民宅内，建于明弘治八年(1495)，为明厅式建筑。第内设天井，四周绕以石柱，中架单孔石拱小桥，直通正厅；厅上设石座寝室，供奉神位。该第构架用料宏大，梭柱、月梁、荷花墩、叉手、单步梁、斗拱雕刻精美，显示了明代建筑风格。此第原是明永乐初进士、谏官、吏部给事中汪善的孙辈为祭祖所建的家祠，中堂高悬“敕谕匾”，上书：“皇帝敕谕进士汪善……特命尔荣归故里，以诚德业，副联所期。”

(4)石牌坊：位于潜口民宅内建于明代嘉靖年间(1522—1566)，牌坊正面无题字，只雕着一个龇牙咧嘴的“鬼”，手里拿着一支笔，脚上踏着一只方形大斗，“鬼”与“斗”合起来为“魁”。牌坊背面刻了月宫桂树图，表明立坊者方氏期望家族子弟多出文魁星，蟾宫折桂，光宗耀祖。

(5)善化亭:位于潜口民宅内,建于明嘉靖三十年(1551),是明代一个名叫许岩保的商人为方便行人歇脚而修建的一座雨亭,意在行善,故名"善化亭"。亭石柱、木架、小青瓦、歇山顶,飞檐脊瓴,正脊与翘角都饰有龙吻。平面呈方形,石柱侧角尤为明显。横梁上的对联也是当年保存下来的:"阳春有脚九重天上行来,阴德无根方寸地中种出。"对联的含义主要是劝人行善,多做好事。这座小亭原建的时候还有一副对联:"走不完的前程停一停从容步出,急不来的心事想一想暂且丢开。"亭内花岗岩石铺地,两旁装置花岗岩长条石凳,可供行人歇息小憩。虽经数百年的风雨,此亭仍岿然屹立,徽州古建筑风韵独存。

2. 景点信息

地址:黄山市徽州区潜口紫霞峰南麓。

交通:路线一——可以从黄山汽车站坐车到岩寺,然后从岩寺汽车站坐车到潜口,比较方便;路线二——走合铜黄高速到岩寺出口下高速,左拐直行就能到潜口了。

用时参考:2~4小时。

(三)呈坎——阴阳八卦话呈坎

1. 景点介绍

呈坎位于黄山风景区的南麓(在徽州区通往黄山的公路佛子岭段折向东北5千米处),北距黄山约40千米,南距徽州区政府驻地岩寺镇约15千米。呈坎地处青山翠竹之中,集自然景观、人文景观为一体,被誉为"人间天堂""中国风水第一村",也是中国迄今为止保存最古老的八卦村之一。早在新石器时代,徽州就有人类活动的痕迹,西周时期徽州曾产生过灿烂的青铜文化。三国以前,徽州主要是山越人居住,刀耕火种,过着一种与世隔绝的生活。相传三国时期,孙权(东吴)统帅诸葛瑾、吕蒙来到此地征服山越人,见此地地处万山之中,四面矗立着八座大山,中间是一平方千米的洼地,"山形交错,水色清澄,人情庞实,伦理端严","有田可耕,有水可渔,脉祖黄山,五星朝拱,可开百世不迁之族",一条河流由北向南宛如一条腾飞的巨龙穿村而过,并有众多小溪汇聚,犹如"九龙戏珠",观其象又形似一幅天然八卦图,是人间罕见的风水宝地,孙权等人便在此定居下来,整个村落按照八卦的形式来布局,同时易名为"龙溪"。

呈坎被评为“中国风水第一村”“中国历史文化名镇”“中国古建筑之乡”“中国国宝之乡”“中国最佳旅游古镇”。

有人认为，走进呈坎，你得到的是财气、人气、福气、祥瑞之气；呈坎过坎，让你一生无坎、平平安安、大吉大利、万事吉祥如意。

走进呈坎，感受传奇神秘文化，“登黄山天下无山，游呈坎一生无坎”，平安从呈坎开始。建于宋代的长春大社，是古代祭祀土地神的地方，栏门上方悬挂“长春大社”的蓝底烫金直匾，系苏东坡所书。大门呈五凤楼制式，社屋门前有一偌大广场，乃呈坎村民集会、表演和祭祀的场所。

2.名人点赞

中国著名女作家毕淑敏来到呈坎曾不禁赞叹：“中国最应该去的地方就是呈坎。”中国著名经济学家厉以宁赞曰：“古风今尚在，新景更迷人。”

呈坎以其完整的古风貌成为影视剧《风月》《徽商情缘》《烟锁重楼》《老房子的故事》的天然摄影棚。

苏东坡在《罗氏族谱》题词中有“文德武功，名留简竹，理学真儒，后生继续”的评说。

3.景点信息

地址：黄山市徽州区呈坎村。

交通：①从黄山汽车站乘坐直达呈坎的汽车，该车也经过潜口民宅。②自驾车可从黄山南大门汤口镇沿205国道到达呈坎。该路段翻山越岭、迂回曲折、风景优美，沿途有丰乐水库和水电站等。

用时参考：2～4小时。

第三章　屯溪区——徽商故里

屯溪区，是黄山市一个市辖区，位于安徽省南部，地处白际-天目山、黄山之间的休屯盆地东部，扼横江、率水与新安江汇合处，北部、东部分别与徽州区、歙县毗邻，其余均与休宁县接壤。

屯溪历史悠久，城郊曾出土西周中期（前10世纪）的古墓葬文物，春秋时（前5世纪）先后属吴国、楚国，汉朝建安十三年（208）孙权在屯溪设黎阳县，南北朝陈文帝天嘉三年（562）撤黎阳县入海宁县（即今休宁县），屯溪即为休宁县首镇。历史上，屯溪以其水运畅通的优势成为皖南山区物资集散地和经济中心之一，明朝嘉靖二十七年（1548），屯溪已是中国著名茶市之一。民国时期，省厘税局、盐公堂、商会等商业机构均设在屯溪。抗战期间，大批商贾和难民涌入屯溪，人口骤增，一度经济异常繁荣，被称为“小上海”。1987年11月成立省辖黄山市，屯溪改为市辖区。

一、食在屯溪

徽菜以味道咸、重为主，要说黄山美食，出名的太多，如烧臭鳜鱼、太白鱼头（双椒鱼头）、红烧臭豆腐、徽式烧排骨、徽式红烧肉等。这些菜品在屯溪老街餐馆里很受欢迎。

（一）屯溪醉蟹

屯溪醉蟹是安徽屯溪地区的著名特产，已有140多年的历史。其个体完整，色泽青中泛黄，肉质细嫩，味极鲜美，酒香浓郁，回味甘甜，为宴上珍品。密封好的醉蟹，可保存两个月不变质。

（二）大呆臭

大呆臭为王致和于清康熙年间（1662—1722）创制，康熙皇帝品尝后赞不绝口，并御笔亲书"青方"二字赐王致和，此菜从此名声大振。大呆臭与浙江绍兴的臭千张、安徽淮南的臭香干呈三足鼎立之势，享誉海内外。徽州大呆臭，表面为灰、兰、黑综合色，内里洁白如玉，闻着臭，吃则异香，独具一番风味。由于大呆臭的制作工艺很复杂，这道风味小吃恐怕只有到黄山才能吃到了。

（三）伯娘红烧肉

伯娘红烧肉制作方法是徽菜中古老的烹饪技法之一，其特点是烹制过程中滴水不加，全仗木炭余火将原料煨熟入味，成菜原汁原味，入口即化，尤显徽帮本色。此菜源于古时山民日出而作的饮食习俗。早晨出工前，先将黑皮猪肉入砂煲生烧后塞入炉膛中，利用炭火灰烬余热长时间炖焐，使菜肴本身的天然味道完全释放，散发出原始的肉香，收工回家即可食用。"开锅十里香，全村觅此味。徽馔始民间，干锅亦流芳"，是对这道菜品的客观评价。

（四）冬瓜饺

冬瓜饺由屯溪迎春馆创作而成，已有百年历史。馅心以冬瓜为主料，配以猪肉、火腿、香菇、麻油等炒烩，然后加淀粉勾芡而成。饺子包好后上笼蒸，蒸熟后，馅儿松嫩，微带卤汁和冬瓜清香，鲜美可口。

（五）沙地马蹄鳖

明初，户部尚书连心荣将皖南山区的马蹄鳖进贡给朱元璋，之后此菜即被列为贡品。皖南山区，山高背阴，溪水清澈，浅底尽沙，所产之甲鱼腹色青白，肉嫩胶浓，无泥腥气。当地民谣说："水清见沙底，腹白无淤泥，肉厚背隆起，大小似马蹄"，故称"马蹄鳖"。沙地马蹄鳖采用火腿佐味，冰糖提鲜，炭火风炉小火细炖，熟后香气扑鼻，汤醇胶浓，原汁原味，肉质酥烂，裙边滑润。医学书籍记载，甲鱼有滋阴补阳、软坚散结和清香虚热之作用。近代研究显示，甲鱼富含动物胶、碘、铜、维生素等，有滋阴补肾等功效。

(六)徽州毛豆腐

毛豆腐是徽州驰名中外的素食佳肴,以徽州的歙县、屯溪、休宁一带特产的毛豆腐(长有寸许白色茸毛)为主料,用油煎后,佐以葱、姜、糖、盐及猪肉清汤、酱油等烩烧而成。上桌时以辣椒酱佐食,鲜醇爽口,芳香诱人,并且有开胃作用,为徽州地区特殊风味菜。毛豆腐是黄山市一带的传统名菜,通过人工发酵法,使豆腐表面生长出一层白色茸毛。由于豆腐通过发酵后其中植物蛋白可以转化成多种氨基酸,故经烹饪后味道鲜美。

表3.1　屯溪区部分特色餐饮小吃店一览

名　称	地　址
老街徽州人家	屯溪区屯溪老街三马路22-26号
大傻徽菜园	屯溪区屯溪老街三马路37号
老街第一楼	屯溪区屯溪老街247号
徽煌府第	屯溪区花山路34号
老街同聚楼	屯溪区屯溪老街216号三马路路口
汪一挑馄饨	屯溪区屯溪老街三马路14-16号
美食人家	屯溪区屯溪老街247号
红泥小厨	屯溪区元一大观二期一号楼109号
徽聚轩	屯溪区下马路68号
秀嫂挞粿	屯溪区三马路54号

二、住在屯溪

屯溪区高中低档宾馆旅店一应俱全,其中星级酒店众多,价格公道。此外,位于老街里的客栈和旅舍也深受欢迎。

表3.2　屯溪区部分星级酒店一览(截至2014年)

名　称	星　级	地　址
黄山元一柏瑞酒店	5星	屯溪区新安桥与阳湖东路交叉口
黄山醉温泉国际度假酒店	5星	屯溪区花山路新徽天地醉温泉度假城
黄山馥丽蓝山酒店	5星	屯溪区前园南路90号
黄山高尔夫酒店	5星	屯溪区迎宾大道78号
黄山国际大酒店	5星	屯溪区华山路31号
黄山天都国际饭店	5星	屯溪区天都大道5号
黄山国脉大酒店	4星	屯溪区前园南路25号
驿安黄山君莱酒店	4星	屯溪区西海路3号

续 表

名 称	星 级	地 址
黄山华山徽宴酒店	4星	屯溪区延安路3号
黄山大观度假公寓	4星	屯溪区徽州大道11号
黄山大观小米公寓	3星	屯溪区徽州大道11号
黄山柏丽斯维登度假公寓	3星	屯溪区南滨江西路7号

表3.3 屯溪区部分民宿客栈一览(截至2014年)

名 称	地 址
黄山老街客栈	屯溪区屯溪老街1号
黄山辰光里客栈	屯溪区滨江东路新安江湖边古村落8号楼
黄山徽舍民宿客栈	屯溪区屯溪老街李洪巷3号
黄山隐居天运堂度假古宅院	屯溪区齐云山大道东侧格林豪泰大酒店(胡开文大酒店)后院
黄山新安兰庭古宅院	屯溪区湖边古村落,近湖边村
黄山屯溪客栈	屯溪区屯溪老街15号、17号
黄山溪街庭院	屯溪区老街二马路正街140号永新巷2号
黄山叙微舍客栈	屯溪区黎阳巷A06,戴震路与西镇街交会处
黄山不见山客栈	屯溪区黎阳老街牌坊A01
黄山梦园客栈	屯溪区铁路新村5幢102号

三、畅行屯溪

黄山市位于安徽省最南端,西南与江西省景德镇市、婺源县交界,东南与浙江省开化、淳安、临安为邻,东北与宣城市的绩溪、旌德、泾县接壤,西北与池州市的石台、青阳、东至县毗邻。屯溪区作为黄山市的市府所在地,是中国最重要的旅游胜地之一,屯溪区对外交通非常便利。

1.航 空

黄山屯溪国际机场可满足B757及其以下机型起降,设计年旅客吞吐量为112万人次,已开通至北京、广州、上海、合肥、重庆、厦门、成都、深圳、首尔、釜山等城市的航线。

2.公 路

黄山汽车站位于新潭齐云大道。屯溪的主要高速有徽杭高速、合铜黄高速、扬绩黄高速、景婺黄高速、黄衢南高速、屯祁景高速等。

3.铁　路

黄山火车站位于屯溪区前园北路，黄山北站为黄山高铁站，位于黄山市新城区站前大道以南，铁路干线有皖赣铁路、京福高铁，有直达北京、上海、青岛、南京、合肥、景德镇、南昌、厦门、鹰潭、福州等地的客运列车。

4.水　运

黄山的北面是长江，长江中、上游的省份如四川、湖北的朋友可以乘坐江轮经水路到池州或铜陵上岸，再乘汽车到屯溪。

5.出租车

黄山市内出租车目前起步价7元，3千米以后1.5元/千米，从火车站乘出租车到屯溪老街只需六七分钟。市内打车一般不会超过12元。

6.公交车

黄山市内有13条公交线路，票价多为1元／人。冬、夏两季2元／人。

表3.4　屯溪区部分旅行社一览(截至2014年)

单　位	地　址
黄山中海国际旅行社管理公司	屯溪区天都大道天都大厦601号
黄山徽州国际旅行社	屯溪区新安北路梦圆楼5楼
黄山康辉国际旅行社	屯溪区天都大道17号君悦财富中心409—410室
黄山山水国际旅行社	屯溪区黄山东路140号
黄山海峡国际旅行社	屯溪区长干中路49号3楼
黄山中青旅中山国际旅行社	屯溪区长干中路49号4楼
安徽海外黄山旅游有限公司	屯溪区前园南路60号
黄山华龙国际旅行社	屯溪区黄山中路百川财富广场A座902号
黄山快线国际旅行社	屯溪区宇隆商贸城7栋301室
黄山春秋国际旅行社	屯溪区前湖路18-1号

四、乐购屯溪

来黄山旅行最适合购买的当属黄山毛峰、太平猴魁，还有文房四宝中的珍品徽墨和歙砚。此外，黄山还有营养价值很高的黄山野生香菇、黄山核桃、黄山猕猴桃等特产。这些特产一般可在市区的特产专卖店、屯溪老街、茶城等地购买。

(一)黄山野生香菇

黄山野生香菇是世界著名的食用菌、药用菌之一，具有生精、祛寒、降血压与抗癌作用。在国际市场上，香菇是一种天然无污染的绿色保健食品。其色鲜味浓、肉厚质嫩、香气宜人，而且有很高的营养及药用价值。黄山野生香菇以它的天然风味、丰富营养和特殊的保健功能深受大众的喜爱。

（二）黄山核桃

黄山核桃又称小核桃、小胡桃，是我国特有的、稀少的木本油料和干果，是一种鲜美而又易被人体吸收的坚果，可以预防冠心病。

（三）黄山烧饼

黄山烧饼又名“蟹壳黄烧饼”“救驾烧饼”“皇印烧饼”，是徽州特色小吃。以上等精面粉、净肥膘肉、梅干菜、芝麻、精盐、菜油等，手工制作皮、馅，经泡面、揉面、搓酥、摘坯、制皮、包馅、收口、擀饼、刷饴、撒麻、烘烤等10余道工序制成。其烘烤在特制炉中进行，内燃木炭，将饼坯贴于炉的内壁，经烘烤、焖烘，待炉火退净后焙烤，前后共需数小时。其烧饼层多而薄，外形厚，口味香、甜、辣、酥、脆，有赞语为证：“薄如秋月，形似满月，落地珠散玉碎，入口回味无穷。”

（四）徽　墨

徽墨是我国制墨技艺中的一朵奇葩，也是中国“文房四宝”之一，在徽州已有1 000多年的制作历史。清乾隆以后，以胡开文墨最为出名，为徽墨的代表。徽墨质量上乘，来这里买几方徽墨作为纪念品是不错的选择。

（五）屯溪绿茶

屯溪绿茶属绿茶类，为历史名茶，创制于清嘉道年间（1796—1850），由松萝茶精加工演化而来，产于休宁县、歙县、黟县、祁门县、绩溪县等地。屯绿产区多位于深山狭谷，河弯和河川汇合地段，长期冲积形成的河谷洲地、溪涧山坞深冲，土层深厚，透水性好，富含有机质，肥沃宜茶。“休宁四大名家”和“祁门四大名家”都是洲地茶园出产。河谷洲地茶园，茶树长势茂盛，优质高产，当地称之为洲园茶。《清史稿·地理志》称屯溪为“茶务都会”，徽州六县、浙西、赣北之绿茶也在此集散，故称“屯绿”，在国际茶市称“屯溪绿茶”。“屯溪绿茶”是一个地域品牌，不是屯溪生产的绿茶产品的简称。

五、玩转屯溪

（一）徽风古韵品味一日游

早上到达屯溪—赴程氏三宅—中餐后游阳湖外边溪—傍晚逛屯溪老街—在老街附近享受美食—晚餐后游黎阳水街—夜宿屯溪。

（二）花山谜窟探秘一日游

早上抵达花山谜窟—南溪南—花山石林—夜宿屯溪。

（三）摄影创作采风游

屯溪老街—新安江滨水区—江南新城。

（四）民俗风情娱乐——徽州民俗踩街

时间：正月十四。地点：黄山市屯溪区。

主要内容：起点为老街照壁，沿途经过三马路、二马路、一马路、老大桥、黎阳水街入口，到达黎阳巷欢庆广场。踩街队伍将在老街广场、三马路口、二马路口、黎阳巷欢庆广场这四处停留并表演屯溪传统民俗节目。由7个方阵组成的踩街队伍为市民献上布龙、舞狮、蚌壳舞、隆阜抬阁、跳和合、腰鼓秧歌等各具特色的传统民俗表演，起点和终点处还有猜灯谜活动。

六、游遍屯溪

屯溪，位于安徽最南端，是黄山市政府所在地，也是皖南旅游经济区中心城市。因其空中和陆路交通十分便利，故成为大多数中外游客登临黄山的第一站。

(一)屯溪老街——一半街巷一半水

1.景点介绍

屯溪老街位于黄山市屯溪区中心地段,主街东西走向,东端有一座牌坊和一方写有《屯溪老街记》的照壁,西至横江、率水、新安江汇流处的老大桥(镇海桥)。屯溪老街是伴随着徽商的发展而兴起的,早在20世纪20至30年代,已有“沪杭大商埠之风”,盛极一时。老街全长853米,街宽7米,老街店面一般都不大,但内进较深,形成“前店后坊”“前店后库”“前店后户”的特殊结构,因而更显老街的“老滋老味”。古老的徽州文化在老街上展现它那迷人的风采,老街堪称优秀民族文化传统的艺术长廊。屯溪老街古时正是由三江汇流处的码头发展起来的,繁荣于明清,现在是黄山市有名的小吃街、商业街。老街不宽,铺着青石板路,两侧林立着一幢幢徽派民居,店铺便开在临街的屋子里,出售的也都是徽州特产。老街有老字号店铺数十家,其中“同德仁”是清同治二年(1863)开设的中药店,至今已有百余年历史。饮誉世界的“祁红”“屯绿”,多集散于屯溪,“徽墨”“歙砚”更是琳琅满目,“徽州三雕”(砖、木、石)产品及徽派版画、碑帖、金石、盆景、根雕更是随处可见。老街的魅力倾倒了影视界,至今已有百余部影视作品在老街拍摄,业内人士称之为“活动着的清明上河图”。

(1)万粹楼:坐落于屯溪老街,上下共四层,占地面积500多平方米,拔地而起,雕梁画栋,飞檐翘角,集木雕、砖雕、石雕于一体,古料新建,匠心独运。一个飞檐,一扇漏窗,一块砖雕,都是用收集于民间的明清建筑构件重新组合筑成。亭园楼阁,天井门罩,古色盎然。万粹楼,实为一座精妙古建筑博物馆。该楼主人历时三年耗资两千多万元兴建了这座古建筑博物馆,于1999年4月对外开放,叶选平同志题写“万粹楼”楼名。走进万粹楼,飞梁红柱,宽大轩敞,一池清水,石雕小桥,精雕细刻,古董家具摆设堂前;堂侧塔形天井,鱼翔之欢,悠然宁静,仿佛置身于明清时代;二楼展厅,陈列历代文物,名家瓷板艺术;三楼前厅后巷,弄外回廊,古色大画,一派徽式居民宅厅;四楼屋顶花园,青瓦白墙,花坛盆景,徽式园林风格尽显其中,凭栏远望,新安江水,古街风光,尽收眼底。

(2)黄山市老街古玩艺术珍宝博物馆:位于屯溪老街三马路32号,总建筑面积约10 000平方米,完全按照现代大型博物馆的展陈、灯光、安保等要求精心设计、精工细作打造而成。馆内设有中央空调、自动扶梯、自助检票、安全保卫系统等先进设备，是安徽省内规模最大、环境最优、功能最全、藏品最丰的民办大型博物馆之一。

馆内藏品以中国古代文化艺术精品与宫廷珍宝为主，涵盖玉器、石雕、竹雕、木雕、牙雕、角雕、文房用品、书画、家具等10多个门类。老街古玩艺术珍宝博物馆是集展览、鉴定、交流、购物、休闲等多功能为一体的综合性展馆。

2.名人点赞

第七、第八届全国人民代表大会常务委员会副委员长费孝通在万粹楼驻足一整天，赞道："象（像）这样的私人博物馆，有钱人不一定愿建，没钱又建不了，难能可贵。"

3.景点信息

地址：黄山市屯溪区市中心。

交通：①坐1路公交车，在"小公园"站、"市中医院"站、"二马路"站、"一马路（滨江西路）"站下车，步行3分钟即能到达主街老街。②坐2路、5路、8路、12路公交车，在"一马路"站、"二马路"站下车，步行3分钟即能到达主街老街。其中，12路公交车在黄山火车站前可坐；1路、2路、8路在黄山汽车站（屯溪汽车站）前可坐。

用时参考：2～4小时。

特别提示：如果你第二天准备上黄山，第一天在老街买了纪念品，回酒店后可以把纪念品和不需要带上黄山的东西整理出来打包，自助游的游客可以把东西寄存到酒店前台，跟团的游客听从导游的安排可以把东西放在酒店、车上或是在黄山脚下寻个商店寄放。上黄山最好是轻装上阵，因为即使是索道上下山，在山上还要走很多路。

（二）程氏三宅

1.景点介绍

程氏三宅位于黄山市屯溪区柏树街东里巷6号、7号、28号，系三处明代古建筑。三宅的主人是明代成化年间（1465—1487）的礼部右侍郎程敏政。说起这位人物，也许知道的并不多，但他的科举学生大名鼎鼎的唐伯虎可是人人皆知，可惜他和唐寅一起卷入一场科举案，一个被罢官，一个被剥夺功名。程氏三宅具有很高的科研价值和观赏价值。三宅的7号、8号宅相连，28号宅居东。三座楼结构相似，但各有特点。

6号宅始建于明朝初期，距今有600多年的历史，房主是唐伯虎的主考官礼部右侍郎程敏政。8号宅文化内涵最为丰富，有“滴水石穿”警示石，108块图景构成的大型木刻组画展现了徽州木刻的精华。28号宅是官商宅第，门罩独特，为徽州石雕的代表。

三宅均为五开间二层穿斗式楼房，前后厢房，中央天井，类似三合院。三宅结构严谨，装饰精美，古朴素雅。三宅中以6号宅最为典型。该宅五开间，二层楼房，进深16.1米，开间13.6米。两侧带厢房，中为院落，平面呈不明显的“凹”字形。五架梁面上均施有图案彩画，为徽州明代住宅中所罕见。楼上前檐垂莲柱装置飞来椅靠背，柱的断面四方抹角，柱侧上端插拱二挑，托住檐檩。屋顶形式为硬山，封火山墙高低错落，显得宅深院静。宅内存有明天启元年(1621)该宅卖房契约，契约为绵纸、墨书，计10行，落款有“天启元年闰二月十二日立卖契人程伯銇(押)”字样。

2.名人点赞

北京故宫博物院古建筑专家傅喜年教授誉其为“明代民居之瑰宝”。

3.景点信息

地址：黄山市屯溪区柏树街东里巷6、7、28号。

交通：乘坐公交1路、2路、5路、7路、8路至“一马路”站下，往屯溪老街走即可。

用时参考：1小时。

(三)花山谜窟风景区

1.景点介绍

花山谜窟原称“古徽州石窟群”，位于黄山市中心城区东郊新安江南的连绵群山之中，与埃及金字塔、百慕大三角、诺亚方舟等世界上诸多鬼斧神工的神景奇观一样，都恰好处在北纬30度这条神秘线上。

花山谜窟风景区旅游资源十分丰富，它集青山、绿水、田园景致、千年谜窟、奇峰怪石、摩崖石刻、庙宇、古建筑等自然景观和人文景观之大成，是一个内容丰富、品质高，适宜各层次游客观赏的综合景区。

与石窟相对应的是花山石林。花山石林海拔一般在200米以下，相对高差20～40米。这些自然形成的石林、崖石嶙峋，峭岩突兀，扑朔迷离，婀娜多姿，有的形似擎天菌伞，有的如金鸡报晓，形象逼真，栩栩如生，类似景观有20余处。景区内田园风光更是引人入胜，美不胜收，令人心旷神怡。新安江环流而过，山水相连，如诗如画。

（1）2号石窟。此窟在半山腰，洞口呈虎口张开之势。入洞后随坡而下，凉气浸淫，回望洞口，早已雾气腾腾。洞内有几十根石柱昂然挺立，组成长80米、宽1.5米、高4米的地下长廊。右侧有一方形洞口，入内方知廊中有廊。其走向相同，但深度更深，足有百米，水呈翡翠绿色。

（2）24号石窟。又名“二十四根柱”，洞门面山路而开，呈扁长方形，宽约50米，高约30米，进深莫测，气势恢宏。每层有6根三人合抱的方形大石柱，成两排支撑窟顶。如此四层，衍入地下，故有“二十四根柱”之名。洞内有水，深不见底。水中有红、黄、蓝、白、黑游鱼，其状多怪异。

（3）35号石窟。又名地下宫殿，口小洞大，有一段20米长的引洞。走到引洞出口处，豁然开朗，眼前突现一座惊人的地下宫殿，总面积约有4 000平方米。26根周长约10米的异形石柱顶天立地，一派豪气、霸气、帝王之气。环绕大殿有36间石房，最小者面积仅2平方米；石房墙壁厚薄不一，最薄处仅10厘米厚。这些石房三面封，仅临殿堂一侧有一门洞，门洞仅容一人进出。殿堂边有深潭数口，水呈绿色，有神秘感，但清澈见底，经年不涸。发现石窟之初，此处有千万只蝙蝠，人入此洞，惊飞蝙蝠，如黑风黑雨搅得天旋地转，故又名“蝙蝠厅”。

（4）33号和34号石窟。又名鸳鸯洞，两洞毗邻，从33号洞侧小石门可进入34号洞。

谜窟之谜：60余名中外专家学者聚首著名景区安徽黄山，试图破解花山谜窟扑朔迷离的不解之谜。花山谜窟不同于国内外其他著名石窟，它不是天然溶洞，而是古代人工开凿的规模宏大、形态奇特的地下石窟群，目前已发现石窟36座、遗址区面积达7平方千米。考古、地质方面的专家对石窟出土的西晋釉陶等文物进行考证断定，它开凿于西晋年间，距今有1 700多年的历史。花山谜窟的谜团在于，如此大规模的人工开掘石窟，而且又处在新安文化的中心地带，居然在历史上没有任何记录。另外，石窟的开掘年代、用途、石料去向、持续时间、开掘者身份等谜团至今未解。更让人不可思议的是，花山有36个石窟，而在其东侧延长线上的歙县烟村方圆4平方千米的200多座小山包中也发现了类似的石窟36个。

2.名人点赞

2001年5月20日，江泽民同志来到当时的古徽州石窟群视察后欣然为景区命名，题词“花山谜窟”。

3.景点信息

地址：黄山市境内屯溪区与歙县交界处。

交通：乘坐从屯溪至王村的旅游公交在花山谜窟下车即可。

用时参考：2小时。

（四）新安江滨水旅游区

1.景点介绍

新安江工程城区段观光索桥至湖边段两岸建设由“照壁怀古”“湖边村落”“屯浦归帆”“林廊清影”“屯溪码头”“坝址广场”“湿地栈道”“摩崖石刻”“徽风水街”“山阁远眺”十大节点组成。这些节点与新安江两岸的历史资源和徽州传统文化紧密相连，给人以无限的遐想空间，能体现出浓郁的徽风古韵，成为新安江山水画廊一道美丽的风景线。

（1）照壁怀古。照壁由三大块组成，中间主体照壁长39米，高8米，面积312平方米；两边分列照壁长36米，高6米，面积均为216平方米；三块总长度为111米。照壁镶嵌浮雕，正面为人物及故事，背面为新安江山水长卷。主体照壁内容为“无徽不成镇”，其中有乾隆下江南、四大徽班进京、荣归故里等12组徽商故事和胡雪岩、程霖生等16位著名徽商人物雕刻。照壁还有29位徽州历史人物，涵盖思想家、政治家、军事家、科学家、教育家、文学家、艺术家、工匠等，称为“徽州人文之光”。背朝新安江的北面照壁为新安山水胜境，从新安江正源六股尖发端，经齐云山、黄山至千岛湖，延至钱塘江入海。沿途有西递民居、屯溪老街、棠樾牌坊、黄山仙境、太平湖影等风景名胜雕刻30余处。

（2）湖边村落。古村落项目由中国著名十大策划师之一蒋永生、深圳大学环境艺术系主任蔡强、清华大学科班出身古建专家姜前永等组成的团队进行业态策划设计。他们借鉴成都宽窄巷、锦里、苏州“李公堤”等成功经营业态模式，分析了屯溪老街、宏村等景点的经营情况，按照“本地化、特色化、差异化”的理念，提出整体业态设计。整个设计依据“起、承、转、合”的基本组织原则，将自然空间、水口、街巷、宅院等各要素有机结合，并运用街巷空间的开阖收放及丰富的层次，达到“步移景异”的艺术效果。

(3)屯浦归帆。为重现“归帆”之徽风，相关部门将“屯浦归帆”作为重要景观进行设计。广场空间布局为两层，一层为一个庞大的船形广场，约4 000平方米；二层为标志性雕塑——“归帆”。

(4)林廊清影。林廊清影长廊是延伸段十大节点之一，该节点廊亭的建设充分体现了徽州传统建筑特色和廊亭文化，所有木结构均采用香樟为材料，与新安江山水画廊优美的自然风光融为一体，为打造流光溢彩的新安江精品旅游产品增添亮色。古色古香的长廊，来自异国的樱花林，以及名扬四海的徽式建筑，好一派壮观喜人的景观，真可谓“林廊始建远山近水堪入画，清影重来飞鸟游鱼促诗情”。

2.名人点赞

1934年，著名作家郁达夫游至屯溪，曾在新安江边夜泊。尽管当时屯溪遭土匪朱老五火烧后，墙倒屋摧，尚未恢复元气，诗人仍以极大的热情赞美了屯溪。他“斜倚着枕头，合着船篷上的雨韵”,“在朦胧的梦里”写下了游记精品《夜泊屯溪记》，留下了脍炙人口的绝句：“新安江水碧悠悠，两岸人家散若舟。几夜屯溪桥下梦，断肠春色似扬州。”新安江滨水旅游区力图再现郁达夫四言绝句。

3.景点信息

地址：黄山市屯溪区新安江沿岸。

自驾路线：黄山市区—华山路—滨江西路—滨江中路—滨江东路—新安江滨水旅游景区。

用时参考：2小时。

第四章　歙县——古徽州的见证者

歙县隶属于安徽省黄山市，位于安徽省南部，地处东经118°15′～118°53′，北纬29°30′～30°07′，属于中亚热带与北亚热带过渡区。东北与绩溪县和浙江省临安市交界，东南与浙江省淳安县、开化县毗连，西南与屯溪区、休宁县相邻，西北与徽州区、黄山区接壤，北倚黄山，东邻杭州，南接千岛湖，面积约2 122平方千米，辖28个乡镇，人口约50万人。

歙县是古徽州六县之一，也是古徽州府治所在地，是徽州文化和国粹京剧的发源地，也是徽商的主要发源地。文房四宝之徽墨、歙砚的主要产地为歙县。歙县被授予“中国徽墨之都”“中国歙砚之乡”“徽剧（徽班）之乡”“中国徽文化之乡”“中国牌坊之乡”等荣誉称号。1986年，歙县经国务院批准被列为中国历史文化名城。歙县徽州古城与云南丽江古城、山西平遥古城、四川阆中古城并称为中国保存最完好的四大古城。歙县文化是徽州文化的典型代表。南宋以来，徽州文风昌盛，人文荟萃，素有“东南邹鲁”“徽商故里”“文物之海”“程朱故里”“礼仪之邦”等美称。

一、食在歙县

歙县不仅是中国保存最完好的四大古城之一，还是美食之乡。在歙县有吃不尽的徽州菜肴，如毛豆腐、臭鳜鱼、春笋、地衣、蕨菜等特色美食。

（一）石头馃

石头馃是歙县风味小吃名品，也是歙县传统面食之一，早在清代即负盛名，是有口皆碑的美食。石头馃用五花肉丁和炒黄豆粉拌成馅心，用面皮包上，收口捏紧，用木碾推擀成圆饼形状，之后放在平锅中炕烙，每个饼子上放置一块石头（现在为一块特制的砖头）压着，目的是为了均匀传热，以使馅心熟透，边炕边移动石头（饼子不用翻身），促使内部油脂渗出，一直炕至熟透取出即成。咬开后香气扑鼻，味美不腻，如配汤食用，其味更佳。“馃”是当地人的俗称，制作中用石头压，故称“石头馃”，亦称“黄豆肉馃”。

（二）深渡包袱

深渡包袱是歙县古渡口深渡镇类似馄饨的一种小吃，因形如包袱，故有此名，具有浓厚的山区特色。深渡是歙县的一个渡口，由浙江方向出入徽州的客商大多经此渡口。明清时行商多背包袱，深渡的饮食摊主遂仿其形，创制出一种在馄饨皮上放上馅，卷包成如商人背负的包袱形状的小吃。这种小吃因为保留了徽菜原汁原味的烹饪技术，吃起来特别鲜嫩、香美，深受客商的青睐，很快便流传开来。深渡包袱配汤食用，入锅煮熟捞出，馅中有火腿、香菇末，汤中除放熟猪油、酱油外，还有猪油渣末、葱、蒜、姜末，是一种方便的美味小吃。

（三）徽州圆子

徽州圆子是正宗徽菜品种之一，发源于歙县，其成品颗粒匀称，色泽金黄闪光，吃起来外层松酥、馅心香甜味美，是一道深受欢迎的大众菜。这道菜是将熟猪肉肥膘、橘饼、蜜枣、青梅等细丁拌入白糖和桂花中，做成小圆馅心，之后将鸡蛋、猪肉肥膘泥、湿淀粉、炒米放在一起拌匀，用手搓散成“湿炒米”，用水洒在一部分湿炒米上，再搓成一个薄饼，包入一个馅心，搓成圆子，最后经油炸熟后浇上用白糖、青红丝熬成的卤汁即成。

（四）太白鱼头

太白鱼头是徽州一道非常有名的菜肴，以唐代李白游歙县时所尝鱼头炖豆腐为名。奶白色的汤汁是用鱼头和豆腐熬制，配以黑木耳、豆腐和青菜，清淡而不失鲜美，醇鱼鲜嫩，温中盖气，暖胃补虚，多食可滋养肌肤，延年益寿。

（五）虎皮毛豆腐

毛豆腐是徽州歙县的传统名菜，因利用豆腐进行人工发酵，让其表面生长出一层白色茸毛（白色菌丝），同时因茸毛经煎炕后呈虎皮条纹，故名“虎皮毛豆腐”。虎皮毛豆腐因豆腐在发酵过程中其蛋白质会分解成多种氨基酸，故味道较一般豆腐鲜美。虎皮毛豆腐的做法是将毛豆腐先入锅煎炕至两面黄，再加调味品烧烩，食用时蘸辣椒酱。此菜鲜醇爽口，气味芳香，吃时别有一番风味。

（六）纱　面

纱面亦称索面、长寿面，产于歙县南乡，同挂面的制法类似，属于江南特色面食。其特点是韧性足，咸淡适宜，口味纯正，宜于久贮。倘若来年开春天暖多雨，纱面返潮，只需包块生石灰搁入坛中，即可使其干燥如初。

（七）花菇石鸡

花菇石鸡原料为黄山特产山珍花菇与石鸡，经蒸制而成。花菇是香菇中的上品，含有较丰富的蛋白质、脂肪、碳水化合物以及多种维生素，并有降血压、减少胆固醇及抗癌的作用。此菜堪称山珍之巧配，甚为名贵。此菜食之香鲜甜润，酥嫩爽口，回味隽永。

（八）青精饭

青精饭又称乌米饭，歙县棠樾村用乌饭树（乌饭树又名南烛，古称染菽，属杜鹃花科常绿灌木）树叶之汁浸糯米煮成的饭，颜色乌青，气味清香。

表4.1　歙县部分特色餐饮小吃店一览

名　称	地　址
金胖子大酒店	歙县深渡镇昌源路85号
华隆饭店	歙县三阳乡65号
龙凤徽菜楼	歙县徽园1号
一楼美食人家	歙县鸿基商贸城7号楼
新洲美食城	歙县鸿基商贸城15幢101室
乡村土菜馆	歙县棠樾牌坊群检票处附近
叶玕土菜	歙县雄村乡柘岱村
金山徽菜馆	歙县徽城镇324省道附近

续 表

名 称	地 址
西乡粗菜馆	歙县郑村镇(中国移动通信郑村营业部南100米处)
宰相故里	歙县新安路下葛塘1号

二、住在歙县

歙县旅游资源丰富,自然风光优美,人文历史悠久,具有良好的生态环境和灿烂的地方文化,发展旅游的条件得天独厚,因此带动了酒店行业的蓬勃发展。酒店或依山或临水,或隐居山间或身居闹市,设施齐全,可以为游客提供全方位的旅程服务,满足不同游客的旅游需求。歙县既有星级酒店,也有各种特色的乡村旅馆。

表4.2 歙县部分星级酒店一览(截至2014年)

名 称	星 级	地 址
歙县酒店	4星	歙县紫薇路5号
歙县鲍家花园大酒店	3星	歙县郑村镇棠樾村,鲍家花园景区内
黄山豪都假日酒店	3星	歙县新客运站斜对面
歙县深渡镇港湾客栈	3星	歙县深渡镇新安江山水画廊旅游码头附近,近深渡港
歙县披云山庄	3星	歙县披云路5号
黄山四季花园酒店	3星	歙县紫阳路188号
歙县深渡画廊农家乐	2星	歙县深渡镇滨江路19号
黄山530快捷酒店	2星	歙县徽州花苑建材市场7栋104号
歙县锦佳商务宾馆	2星	歙县徽州花苑33栋101号
歙县牌坊小镇快捷酒店	2星	歙县郑村镇滨河花园3栋

表4.3 歙县部分民宿客栈一览(截至2014年)

名 称	地 址
歙县深渡藏龙湾人家	歙县深渡镇复建路95号
歙县梦徽客栈	歙县徽州花苑24栋124室
昌源人家农家乐	歙县深渡镇大茂路5号
歙县九月徽州客栈	歙县打箍井街12号
歙县W咖啡客栈	歙县徽州花苑装饰材料市场9栋109号,近新安路与练江路交叉口
歙县千岛渔港农庄	歙县千岛渔港农庄
歙县深渡毛豆腐农家乐	歙县深渡镇中心大转盘雕塑右100米

续　表

名　称	地　址
歙县深渡醉美农庄	歙县深渡镇大茂社区中坑源，近004县道
歙县友家客栈	歙县新安路112-15号
歙县石潭向日葵客栈	歙县霞坑镇石潭村01栋

三、畅行歙县

1.航　空

歙县隶属于黄山市管辖，距离最近的机场就是黄山屯溪国际机场。机场位于黄山市屯溪区，有开通至北京、天津、上海、西安、合肥、成都、重庆、广州、深圳、台北、首尔、釜山等地的航班。

2.公　路

歙县距离黄山市（屯溪）仅27千米，往返中巴车流水发车，行程20多分钟。歙县到黄山风景区（汤口）75千米，每日也有多班中巴车往返，1个多小时车程。此外还有始发合肥、苏州、无锡、湖州、金华、杭州、宁波、上海、浦东等地的长途班车。

3.铁　路

歙县火车站有发往上海、景德镇、厦门、南京等地的列车，若从北京等其他地方来此旅游可先乘火车到达黄山市，然后再转乘汽车到达歙县。从黄山到歙县，车程20多分钟。京福高铁设有歙县北站。

4.水　运

在歙县境内的深渡码头可包船前往千岛湖游览，深渡游船公司共有18条游船经营新安江—千岛湖旅游项目。千岛湖淳航客运码头（新安大街泗渡洲路口）与深渡镇之间每天有2班客轮对开，航程约5小时，来回船票淡旺季不同（包含千岛湖门票，来回船票和午餐）。

5.县内交通

歙县县内有公交车来往于各个景点及火车站之间，歙县各个郊区景点之间一般都有中巴车往来，并有出租车三轮车供游客选用，歙县县城面积不大，多数景点步行就可以到达，白天可选择坐公交车。

表4.4　歙县部分旅行社一览(截至2014年)

名　称	地　址
黄山市怡康旅行社	歙县鸿基商贸城18栋114号
中国黄山徽州森林旅行社	歙县披云路5号披云山庄
黄山鸿雁旅行社	歙县鸿基商贸城15栋132号
黄山假日国际旅行社	歙县平安路21-1号
福缘国旅歙县分公司	歙县新安路36-2号
宝中旅游全国连锁机构歙县营业部	歙县徽州路221号

四、乐购歙县

歙县历史悠久，自古就是商埠重地，源远流长的文化孕育出诸多特色产品，流传至今仍保留甚多。

(一)歙　砚

歙砚为中国四大名砚之一，是砚史上与端砚齐名的珍品，因砚石产于古歙州、砚台在歙州加工和集散而得名。歙砚雕刻经过历代砚雕名家的辛勤耕耘也取得了很大发展，尤其是近几十年来涌现出许多名家高手，并形成了多种流派。雕刻技法和设计继承传统之精华，又弃其俗气、匠气，使这项传统工艺品更具收藏价值。新中国成立后，歙砚生产得到极大发展，金星歙砚重新问世。改革开放后，歙县和婺源县先后成立了歙砚厂、工艺厂、文房四宝公司等，从砚石开采、产品制作到装潢工种齐全，还挖掘了“豆斑”“绿刷丝”“歙红”“紫云”等新品种。20世纪80年代中期后，歙砚进入全国制砚行业前列，并以优良品质荣获“国之宝”证书。

(二)徽　墨

徽墨是中国传统工艺品文房四宝之一，早在宋初，徽墨就行销日本、东南亚等地。歙县胡开文墨庄所产徽墨具有“质坚如玉、色泽墨润、香味浓郁、舔笔不胶、入纸不晕、书画自如”等特点，素有“落纸如漆，万载存真”之誉。其种类繁多，高档书画墨有特制古法漆烟、顶烟、松烟、净烟，学生用墨有减胶、加香等，礼品墨有各种明清版仿古墨和集锦墨。该庄设计生产的五彩墨、福禄寿喜墨、十二生肖墨等拳头产品，是旅游工艺品市场的走俏商品，远销日本、新加坡、加拿大、菲律宾等国。1985年，该庄“寿”字墨荣获华东地区旅游工艺品一等奖。

（三）徽州三雕

徽州三雕是具有徽派风格的砖雕、石雕、木雕三种民间雕刻工艺的简称，主要用于民居、祠堂、庙宇、园林等建筑的装饰，以及古式家具、屏帘、笔筒、果盘等工艺雕刻。“三雕”的历史源于宋代，至明清时期达到极盛。

（四）歙县花茶

歙县花茶是一种再加工的特种茶。毛茶经过精制成茶坯后，分别用珠兰、茉莉、白兰等鲜花，通过窨制工艺技术处理，制成各种品类的花茶。歙县花茶的茶叶原料是条索紧细、色泽鲜亮、香气纯正、滋味甜爽的烘青。

（五）歙县贡菊

贡菊原称“徽州贡菊”，又称“徽菊”，是从菊花群体中选育出的优良品种，其主产于著名旅游胜地黄山风景区与国家级自然保护区清凉峰之间。该菊生长在得天独厚的自然生态环境中，品质优良，集色、香、味、型于一体，既有观赏价值，又有药用功能，被誉为药用和饮中之佳品，是黄山著名特产，驰名中外。

（六）富岱杨梅

富岱是歙县雄村低山丘陵地带的山村，这里人工培植杨梅已有300多年的历史。富岱杨梅果型硕大、肉质细软、汁液饱满、甜酸适度，按果色分为红梅和白梅两大类。红梅鲜红带紫，白梅白嫩似玉，观其色，食其果，回味无穷。杨梅果品味美，不仅可鲜食，还是食品罐头行业的好原料，精制杨梅干、杨梅蜜饯爽口开胃、生津止渴，供不应求。“烧酒杨梅”则是当地人们喜爱的传统饮料，可以去湿、消暑、止泻、消乏。富岱杨梅含有糖类、果酸、维生素C和维生素B，特别是杨梅中的纤维素，能刺激肠壁蠕动，促进排泄。

（七）歙县金橘

歙县新安江两岸由于得天独厚的温润气候，给柑橘生长提供了极为有利的条件。柑橘不仅是观赏树种，而且其果实深受老幼喜爱。歙县柑橘有一个优良品种，呈金黄或金红色，故取名“金橘”。它香气十足，素有“一树金橘十里香”之称，所以人们“未进橘园嘴先馋”。

（八）三潭枇杷

三潭枇杷是我国枇杷中的一个优良品种，产于新安江沿岸歙县的漳潭、绵潭和瀹潭三个自然村，故有此名。三潭一带，群山环抱三个大面积的深水潭，冬暖夏凉，终年云雾萦绕，雨量充沛，为枇杷的生长提供了得天独厚的自然条件。三潭枇杷的特点是皮薄、肉厚、汁甜、营养丰富，并以早熟优质而闻名遐迩。三潭枇杷有20多个品种，在国外享誉盛名的是“大红袍”和“光荣花”。“大红袍”黄里透红，“光荣花”花蒂处长有“五角星”。一级枇杷每千克只有20来个，绵潭村甚至培植出每千克只有10个的“枇杷王”。枇杷是老幼皆宜的益果，民间有“天上王母蟠桃，世上三潭枇杷”的赞语，其营养成分除含有较多的果糖外，还含有大量的维生素B17。维生素B17是一种防癌营养素，在葡萄糖注射液问世前，我国中医常施用枇杷汁以维持不能进食者的生命。鲜食枇杷生津止渴，利肺健胃，有益于健康。

（九）黄豆肉馃

相传乾隆皇帝下江南时，曾化装成平民买黄豆肉馃，感觉很好吃，临走时便送给饼家一枚小小的印章。饼家知道客人是乾隆后，便做了一块形状像印章的砖块，盖在饼上招揽生意，至今这饼还保持这一古老的工艺。

五、玩转歙县

钟灵毓秀的徽州大地曾出现了朱熹、毕昇、王茂荫、黄宾虹、陶行知等一代名人，开创了新安画派、新安医学、徽派民居、徽派盆景等诸多流派，歙砚、徽墨、徽剧、徽菜等更是蜚声中外。歙县风景如画，是著名的山城、水城、桥城，夕阳山影、悠悠秀水、点点白墙，山水画廊新安江，历来吸引着众多的文人墨客。下面给大家推荐几条乡村旅游线路。

（一）歙县乡村文化一日游

游新安江山水画廊—赏两岸民居与山水交映景色（桑茶园、枇杷园）—听地方戏—看渔鹰捕鱼—观天下第一轿—赏千年古樟—中午尝农家饭或用船餐—下午赴北岸古村落游风雨廊桥、吴氏宗祠—宿歙县（返程）。

特色：新安山水，廊桥遗梦。

（二）歙县古城一日游

屯溪（黄山市）出发—游举世无双、中国最大的牌坊群：棠樾牌坊群•鲍家花园景区—游览徽州古城景区、徽商之源：渔梁古埠—漫步鱼鳞街—赏千年古坝—中餐后游“东方凯旋门”：许国石坊—游徽州古城的标志之徽州府衙—游徽商大户聚集地之斗山街、曹氏二宅、徽州城隍庙之徽园—宿歙县（返程）。

（三）歙县红色之旅

第一天：歙县—新四军军部旧址—棠樾牌坊群•鲍家花园景区—宿歙县。

第二天：游览徽州古城景区—徽园—许国石坊—陶行知纪念馆—斗山街—新安碑园—太白楼—渔梁坝—参观徽派古建筑精华之徽商大宅院—宿歙县。

第三天：绩溪龙川景区之胡氏宗祠、胡宗宪尚书坊—中餐后返程。

特色：革命教育，陶冶情操。

（四）民俗风情娱乐

1.“闹元宵”庙会

时间：正月十五。地点：歙县许村。

主要内容：许村人杰地灵，村中庙宇几十座。每年庙会不断，大多是为了祈求神灵保佑苍生，降福驱邪。规模最大的庙会是“闹元宵”，祭祀时，要先放鞭炮，敲锣打鼓，龙、刀、狮、花灯依次排开，整个队伍长达1 000米，走街串巷。目的是为了祝愿在新的一年里风调雨顺，商人在外四季平安，生意兴隆。

2.耍大刀

时间:正月。地点:歙县许村。

许村耍大刀原为纪念许村先祖、唐朝忠义公许远在“安史之乱”期间镇守睢阳的忠烈壮举,后延伸到丰收庆贺、驱邪赶怪,保一方平安。耍大刀的日月大刀由长达两丈的大刀、八把小刀组成,正式舞起来需要10位年轻力壮的村民,以“手眼身法步”配合默契完成,堪称徽州传统民俗一绝。

3.跳钟馗

时间:端午节。地点:歙县郑村镇堨田村。

主要内容:一种民间舞蹈,又称“嬉钟馗”,流行于今徽州区岩寺镇、歙县朱家村一带。据说明万历年间就有此习俗,这些地区每年都要“嬉钟馗”,以求驱邪降福,保佑村民平安。古时“嬉钟馗”是以木偶架在肩上嬉耍,后来发展到由人扮演钟馗在村中巡游嬉耍。近年来,歙县郑村镇的堨田村,每年端午节都要举办这项活动,很是热闹。

4.亮船会

时间:闰年的9月或10月;地点:歙县。

主要内容:亮船又叫“水游”,同时还有旱游,即岸上乡民玩灯、敬菩萨。江中岸上,水游和旱游交相辉映,妙趣无穷,四乡百姓云集观赏,热闹非凡。内燃烛灯,灯旁是乐队,笙歌齐奏,锣鼓喧天。亮船一共六对,其后还有好几只木船尾随,会期在练江上下游各遨游一夜。

六、游遍歙县

歙县境内乡村旅游点密集,资源十分丰富,以下是对部分知名乡村旅游景点的介绍。

(一)棠樾村——拜谒“忠孝节义”

1.景点介绍

“慈孝天下无双里,锦绣江南第一乡。”世所罕见的歙县棠樾牌坊群位于由黄山市市区前往中国历史文化名城歙县的途中。棠樾牌坊群是古徽州人伦理道德、宗法思想的集中体现。宋以前,棠樾就有鲍、汪、董、姚、张等姓氏居住,棠樾又有上、下之分，自村西软桥头，大母堨溪岸向东到鄣山公墓、牌楼塘一带称上棠樾，自此以下为下棠樾。“棠”指“棠树”，“樾”为“两树交荫之下”，“棠樾”意为“棠荫之处”。这是一个古老的村落，自宋元以来已经绵延了八百余年。棠樾牌坊群共有7座牌坊依次排列，明代3座，清代4座，勾勒出封建社会“忠、孝、节、义”伦理道德的概貌。

棠樾牌坊群是明清时期建筑艺术的代表作，虽然时间跨度长达几百年，但形同一气呵成。歙县棠樾牌坊群一改以往木质结构为主的特点，几乎全部采用石料，且以优质茶园石为主。这种青石牌坊坚实、高大挺拔、恢宏华丽、气宇轩昂。到了明清两代，牌坊建筑艺术日臻完善。建筑专家们认为，棠樾牌坊对研究明清时代的政治、经济、文化和建筑艺术以及徽商的形成和发展，甚至民风民俗都有极其重要的价值。

(1)“鲍灿”牌坊：始建于明代嘉靖年间(1522—1566)，距今已有450余年的历史。牌坊四柱落墩，古朴雄伟，在挑檐下的“龙凤板”上，“圣旨”两字镶在其中，横梁正反各有浮雕雄狮一对，异常英武。据介绍，被皇帝表彰的鲍灿一生并未做过官，因教育子孙有方，其孙又在捍卫明室江山的战斗中屡建奇功，被皇帝“荣封三代”，特准许其为祖辈立坊。

(2)“慈孝里”牌坊：始建于明代永乐年间(1403—1424)，乃皇帝亲批“御制”，其“政治待遇”之高，可见一斑。牌坊上铭刻的《慈孝诗》记载了一个感人的故事。

(3)“立节完孤”牌坊：是为纪念节女鲍文龄之妻汪氏所建。汪氏二十五岁夫亡，上孝下贤，守寡二十年，将孩子抚养成才，取得功名。本该到了享清福的时候，自己却积劳成疾，中年亡故。其子为尽孝心，多次进言皇上。当朝皇帝被汪氏事迹感动，认为她确实是个“完美”之人，随即下令“敕建”。

(4)“乐善好施”牌坊：始建于清嘉庆二十五年(1820)。据传，棠樾鲍氏家族当时已有“忠”“孝”“节”坊，独缺“义”字坊，而鲍家到鲍漱芳时，官已做到两淮盐运使司，掌握江南盐业命脉。他欲求皇帝恩准赐建“义”字坊，以光宗耀祖，便捐粮十万担，捐银三万两，修筑河堤八百里，发放三省军饷，终荣恩准。于是，在棠樾村头又多了一座“乐善好施”牌坊。

(5)“节劲三冬”牌坊：是为一位继母所建。据说这位继母在夫亡之后，历尽妇道，对待其前妻之子重于亲生，年老之后倾其家产，为亡夫维修祖坟。这一举动感动了当地官员，打破继妻不准立坊的常规，破例为她建造了一座规模与其他牌坊相当的牌坊。尽管得此厚爱，在牌坊额上“节劲三冬”的“节”字上，还是留下了伏笔，即“节”字的“艹”与下面的“卩”错位，以示继室与原配在地位上的不同。

2.名人点赞

乾隆皇帝曾为棠樾的鲍家祠堂亲笔书写了“慈孝天下无双里，锦绣江南第一乡”的对联，称赞棠樾人的慈孝忠义。

3.景点信息

地址：黄山市歙县郑村镇棠樾村。

交通：①乘坐从歙县到屯溪的中巴车在郑村路口下车，然后搭乘三轮车5分钟即到。亦可从县城直接乘三轮车去。②在歙县乘坐4路公交车直接到达，终点站即为牌坊群。

用时参考：2～4小时。

（二）鲍家花园

1.景点介绍

鲍家花园位于棠樾牌坊群边，为人工开发的景点。主要有“盆景园”（含精品园、流派园、山石园）、大草坪、入口广场、徽文化展示馆（书画名家真迹、文房四宝等）、四季花园（植物景区，春、夏、秋、冬各季植物观赏区）、乡土花园（黄山地区特色植物）、茶园坡、松林坡、观鱼池、游乐湖、垂钓湖、经济水生植物园（湖）、游船码头、山石瀑布、盆景培育基地、陶吧、茶楼等游赏项目，以徽商私家园林为背景，以徽派盆景为主题，同时荟萃国内外各流派盆景精华，与牌坊群景区融为一体，相得益彰，构成一幅完整的徽商故里画卷。

2.名人点赞

全国政协原副主席李贵鲜游园后欣然提笔写下：“盆景无双地，园林第一家。”

世界旅游组织秘书长弗朗·加利说：“我访问过世界诸多国家的园艺、园林，鲍家花园的漂亮，是那样的迷人，给我留下了不可磨灭的印象，这里的盆景更神奇！”

众游人皆叹曰：“鲍家花园如此多娇，引四海宾朋竞折腰。”

3.景点信息

地址：黄山市歙县郑村镇棠樾村。

交通：①在歙县乘10路公交车直接到达。②从歙县县城乘出租车前往。

用时参考:2～4小时。

(三)徽州古城——保存最完好的古城

1.景点介绍

徽州古城位于歙县的练江北岸,始建于秦朝,唐代以后成为徽州治所。古城内有许国石坊、许国相府、南谯楼、阳和门、徽州府衙、徽园以及斗山街等府城街巷,附近还有江南都江堰渔梁坝、中国历史文化名街渔梁街等,这些都是展示和体现徽州文化的重要实物建筑。歙县徽州古城与云南丽江古城、山西平遥古城、四川阆中古城并称为中国保存最完好的四大古城。

汤显祖的一句"一生痴绝处,无梦到徽州"让多少人对它魂牵梦绕,城门、牌坊、徽州三雕、古街以及府治特有的府衙,让游客依然能领略到古徽州府的遗风。徽州古城的几个城门中,南谯楼最具特色,13对柱子构成门框,在门洞里依次排开,撑起城楼,这种"排栅柱"是北宋正宗的城门形制。

(1)徽园:集牌坊、古民居、古祠堂"徽州三绝"之大成,徽园气势宏大,古朴典雅,架构俱佳;粉墙黛瓦,错落有致,抑扬顿挫,如行云流水,清扬悠远,极富韵律;其雕刻之精美,上承古徽州文化之神韵,下创徽派建筑和雕刻之精华,叹为观止,融砖雕、木雕、石雕"徽州三雕"之精髓。

(2)斗山街:是歙县旧城的精华所在,保留了明清故有的格局走势和诸多的老宅商铺,是典型的徽派建筑样貌。街区中古宅、古街、古雕、古井、古牌坊随处可见:民宅汪氏家宅、官宦人家杨家大院、古私塾许家厅、世代商家潘家大院、唐代"蛤蟆"古井、罕见的木质牌坊——叶氏贞节坊,等等。

从斗山街入口到许国石坊的街道上还有陶行知纪念馆。纪念馆是在陶行知幼年读书的崇一学堂的遗址上新建的,陶行知是歙县人。纪念馆由两层徽派木楼构成,二楼为陶行知的生平事迹展,一楼为主人雕像。在一层门楼上方,高悬宋庆龄书写的四个大字:万世师表。"万世师表"原为封建社会颂扬孔子对民族文化教育的独特贡献,用在陶行知身上亦恰如其分,且有未足之意,因为其现代教育理念与教学方式要远远超过孔子。其"生活即教育""社会即学校""教学做合一"三大主张,以及"生活教育"的核心理论即使在今天依然闪耀着夺目的光芒。

(3)许国石坊:又名"大学士坊",俗称"八脚牌楼",明万历十二年(1584)建,坊石质为火山凝灰岩(茶园石),八柱,口字形平面,南北长约11.54米。侧面二柱三楼式,正面四柱三楼冲天柱式,结构稳固,造型丰满。石坊施以仿木构建筑彩绘的雕饰,图案典雅,刀法娴熟。许国石坊是徽州石牌坊中最杰出的代表,综合体现了石坊建造技艺的最高水平,其四柱三楼冲天式石坊形制,垂明清数百年,在石坊建筑史上占有突出地位。

(4)徽州府衙:宋绍熙年间(1191—1194),州衙毁于大火,随后重建。明初,卫国公邓愈改为行枢密院,洪武三年(1370)复为府治。之后,正统(1436—1449)、崇祯年间(1628—1615)曾两次大修。清乾隆二年(1737)重修。最近的一次大修约在道光末年,至今仍保存着二堂。2009年,按照明弘治年间的建筑规制,采用“原工艺、原材料、原规制”的模式在原址上对徽州府衙进行了修复。徽州府衙总占地面积约24 000平方米,建筑面积约9 800平方米,主要包括南谯楼、仪门、公堂、二堂、知府廨组群,整体建筑气势雄伟,规模庞大,体现了徽派建筑的精髓。

(5)渔梁古街:渔梁古街在歙县古城以东约2 000米处,是中国历史文化名街。渔梁是徽商兴盛数百年的重要水路码头,至今还保存着古代街衢、水埠和码头的原始风貌,是古时徽商外出经商往返的必经之路,也是府衙官员前往杭州的必经之道,被称为“徽商之源”。渔梁古街依山傍水,整条街道用清一色卵石有序铺就,恰似鱼鳞,又因古街形似鲤鱼,故又称“鱼鳞街”。鱼鳞街蜿蜒1 000米,两边店铺林立。古祠堂、古民居、古寺庙随街可见,井然有序,号称“江南第一水街”。渔梁坝,坝长138米,底宽27米,顶宽4米,全部用清一色的坚石垒砌而成,为我国现存的古代石质滚水坝之一。坝上横着嵌入长条石与长条石之间的小条石“元宝锁”,起到稳固大坝的作用,坝中央的开水门用于排水。

2.名人点赞

伟大的人民教育家陶行知称赞徽州大好山水时曾说过:世界上只有一个地方和他类似,这个地方就是瑞士。

3.景点信息

地址:黄山市歙县城内。

交通:歙县城内有公交车来往于各个景点及火车站之间。歙县各个郊区景点之间一般都有中巴车和公交车,如1路公交车(火车站—渔梁);3路公交车(二中—金三角),途经二中、汽车站、徽园、小北街、大北街、行知中学等;4路公交车(火车站—牌坊群)，途经粮库、汽车站、交通局、郑村路口、牌坊群等。

用时参考:2～4小时。

特别提示:①徽州古城的导游免费，在仁和楼附近的徽园或瓮城外的多景园游客服务中心买了门票后，可以向工作人员说明，景区会安排导游。②渔梁古街的看点主要是练江上的明代渔梁坝，能不能步行上坝要看练江的水量，水大淹没古坝时便不能上坝了。若想乘坐岸边当地人的小舟游练江，价钱可以商议。

(四)许村——名胜遍布

1.景点介绍

“徽州六邑，而称富庶，歙为最;歙之名乡，虑数十，许村为最。”如今一踏进许村便能强烈地感受到它曾经有过的辉煌，驻足冥思之间便仿佛进入了那钟鸣鼎食的繁华梦境。许村是徽州许姓渊薮，明末大学士许国、清末翰林许承尧均为许村许氏后裔。历史上，许村为官道要冲，商帮云集，现为镇所在地。

遵循传统的风水理论，整个村落布局保留着“临水而建，双龙戏珠，倒水葫芦”的基本态势。许村保存了较为完整的历史村落风貌，建筑种类多样，布局严谨，工艺精湛，蕴藏着极其丰富的文化内涵。在高阳桥至前溪1 500米的老街上，至今保存完好的明清建筑近200幢，在建筑、历史、学术、环境、人类学等方面都具有较高的价值。

许村的传统民居、祠堂主要以砖木结构为主，建筑外墙为空斗砖墙，牌坊、桥梁等公共建筑则以石料为主。许村有石牌坊6座，砖门坊3座，亭阁、祠堂、民居多座。它们在功能设计、平面布局、各种雕饰、题匾碑刻等方面，反映了当地的经济状况、社会习俗及建筑审美观，具有独特的研究价值和欣赏价值。

(1)高阳桥:古时许村在未开通公路之前一直是徽州府至安庆府的官道必经之地之一，高阳桥虽不起眼，却是这条官道上的必经之地。廊桥横卧在西溪上，元代始建，今天的模样形成于清康熙年间(1662—1722)，桥廊设窗，南北两面又各设有一个满月形的拱洞，透过拱洞，可以观望许村，四周的绿水青山如同人为绘制的团扇画，非常有趣。从远处看高阳桥，脊线纵横，山墙错落，宛如庭阁。石桥下两个石拱倒映水中，犹如两轮明月。高阳桥桥廊共七间，为宋代官帽造型，东西两边各有一道上圆下方的廊门，意为“双桂芳”“天圆地方”。廊桥桥面和廊顶彩绘腾龙飞凤，南北两边各有八柱六凳，寓意为“发顺”，中间南侧设有佛座，供奉观世音菩萨。

（2）石坊：第一座石坊称作“双寿承恩”坊，建于明隆庆年间（1567—1572），是纪念村中一对乐善好施、年过百岁的夫妇。因为是朝廷表彰敕建，所以称“承恩”，而石坊的柱、梁、拱、隔、扉上则雕有精美的“狮舞寿球”“龙凤呈祥”“松鹤延年”“猴献寿桃”等12组祥瑞图案。

（3）大观亭：双寿承恩坊左侧的大观亭，建于明嘉靖年间（1522—1566），其实是座楼阁式的建筑，上下三层，翼角飞翅，典雅华丽，尤其是一层藻井上所绘二龙戏珠，蜿蜒若飞。古亭一、二两层的平面呈八角形，到了第三层却变成四边形。三层是景观台，可惜为了保护古亭而封住了大门，否则登阁远观，意境非凡，因为西北方向就是黄山。

（4）五马坊：大观亭后的五马坊建于明正德二年（1507），是为了表彰在明朝开创之期立下汗马功劳的许村官员许伯升所立。这座四柱三间五楼的古牌坊，巍巍矗立了500余年，依然完好不倒，精致的雕刻遍布其身，而最珍贵的是，檐上左侧有一只“哺鸡兽”，乃明早期重要建筑之特有饰物，全国为数极少。

2.名人点赞

“十里沙滩水中流，东西石壁秀而幽”，是李白对许村的赞誉。王安石、文天祥、朱熹、董其昌等也都在此留下了赞美的诗文。

3.景点信息

地址：黄山市歙县许村。

交通：歙县赴许村20千米处有景区路标，在歙许公路歙县入口有中巴车，在建的呈许公路将连通许村和呈坎，也可从黟县汽车站搭乘中巴车前往。

用时参考：2～4小时。

特别提示：到许村的车终点站是许村镇，倒数第二站也是许村的一个售票点，但建议在终点站下，因为这里有很多食宿点，而前一站只是一个入口而已。更重要的是，在终点站下，你可能会遇到驻守在这里的义务讲解员许强明老师。许强明年过六旬，是许氏第38代传人。他退休之后热心于公益和教育事业，且常年为游客义务讲解。在他这儿，你可以听到许多在网上搜不到的动人故事。

(五)雄村——五世一品家族

1.景点介绍

有人说徽州兴盛赖教育,确实是这样。位于中国历史文化名城歙县的雄村就是一座以教育发达、人才辈出而著称的古村落。清末翰林许承尧称"吾乡昔宦达,首数雄村曹"。雄村位于歙县县城东南约7千米处,是座典型的徽派村落,古名洪村,元末曹姓人迁至此,改名雄村。村中人注重读书,出过很多名臣,最有名的当属清代曹文埴、曹振镛父子尚书。为表彰曹文埴而建造的"四世一品"坊建在村头的曹氏宗祠前,高大巍峨。沿路直走可以去雄村的核心景区;往新安江方向,可以去江上的孤岛"小南海",岛上怪石峥嵘,树木参天。

雄村非常宁静,新安江在村前蜿蜒流过,观光道路依新安江延伸,新建有系列牌坊。首先见到的是"一品雄村"牌坊,牌坊下有石刻文字说明:一品雄村,一语双关。其一指曹氏家族五世官居一品,德高望重。乾隆皇帝称赞曹文埴办事干练,不徇私情。诰赠其祖上三代为一品,雄村实际上就是"五世一品"。因明清无宰相一职,而军机大臣相当于前朝宰相,民间习惯称之"宰相",故雄村被誉为"宰相故里"。其二,即要细细品味这个古老村落所沉淀的深厚历史人文底蕴。

(1)慈光庵:与书院隔江相对的半山腰中,掩映着一座叫"慈光庵"的古刹,是曹文埴之子曹振镛为其姐所建,它诉说着一个姐弟劝学的感人故事。曹振镛幼时顽劣异常,无心读书,其姐苦心规劝他说:"你不用心读书,将来如何登堂入仕,承继父业?"曹振镛夸下海口:"他日我定为官,且胜吾父。"姐姐有意激他:"你若为官,我当出家为尼。"曹振镛从此刻苦攻读,果然不负姐姐所望,考取了进士,官至军机大臣,留下"宰相朝朝有,代君三月无"的佳话。于是,姐姐不食其言,出家为尼,而曹振镛也在新安江对岸建了一座尼庵供其姐姐修行。

(2)竹山书院:人才多从书院中走出,徽商巨富的曹氏家族不忘投资兴学,激励子孙"寒窗苦读,功成名就",他们奉行学田制度,使族中天资聪颖却因贫穷不能入学者也能安心就学。建于乾隆二十年(1756)的竹山书院就是其中一座,为寓居扬州的两淮八大盐商之一的曹堇饴在弥留之际遗命两个儿子曹翰屏、曹暎青所建。书院是一座典型的徽派园林建筑,由清旷轩、文昌阁、桂花圃组成。许多文人雅士参观后常说,竹山书院如《红楼梦》中的怡红院。书院正厅中壁悬挂着曹文埴撰写的蓝底金字板联一副:“竹解心虚,学然后知不足;山由篑进,为则必要其成”,意在勉励后学之士。在曲廊小院的壁石上刻有唐代大书法家颜真卿手书的“山中天”三个大字,其遒劲潇洒的笔迹似在告诉我们这里是藏龙卧虎的山中天。

(3)“四世一品”坊:雄村村口屹立着一座巍峨壮观的“四世一品”坊,四柱冲天,三间三楼,专为褒奖户部尚书曹文埴及其祖上三代而建。二楼额枋上刻有曹文埴和他父亲、祖父、曾祖父的姓名和官衔。实职一世,诰封三代,故称“四世一品”。

(4)小南海:为雄村新安江上一处不可多得的胜景,它是新安江中的第一个岛屿,又称岑山。岛上怪石峥嵘,周围四面环水。岛上有唐末乾化元年(911)建的“周流寺”,取四周皆流水之意;还有清康熙年间重建的“星岩寺”,“星岩寺”三字是由雄村程族求得皇帝的御书。当年小南海香火缭绕,据说殿里还有一尊稀世珍宝——粉金的肉身菩萨,各地信男善女接踵而至,海天佛国,蔚为壮观;取名“小南海”,是因为它与“大南海”普陀遥相呼应。寺前青石板砌成平台,寺周麻石条筑成护栏。凭栏远眺,绿树、修竹掩映,村庄、屋舍错落,更见环流荡波,远山如屏,秀丽景色,尽收眼底。寺内有一客厅,大半悬空筑在峭壁上,下面岩石嶙峋,江流滚滚,十分奇险。

(5)桃花坝:竹山书院近旁有一座桃花坝,是雄村沿新安江的一道石堤,占地约500平方米,坝上遍植桃花。曹文埴的《石鼓研斋诗钞》载:竹溪有桃数百株,花时烂漫如锦,春和景明,颇堪远眺。优美的景致,为学子们潜心苦读营造了一个良好的学习环境。

2.名人点赞

清末翰林许承尧称:“吾乡昔宦达,首数雄村曹。”

3.景点信息

地址:黄山市歙县雄村。

交通:①在歙县汽车站乘坐到雄村的车,车程约30分钟。②江、浙、沪自驾车游客可走杭徽高速于歙县金山下道口下,沿215省道直行约18千米,于七里头左拐,再沿七雄公路直行约7千米即到景区。③合肥方向自驾车游客走合铜黄高速于徽州区岩寺出口下,沿歙县方向进入七雄公路至景区。

用时参考:2～4小时。

特别提示：①每年4月是游览的最佳时间，油菜花、桃花盛开，与粉墙黛瓦马头墙勾勒出一幅新安江畔的中国山水画。②最佳摄影季节是春、秋两季，最佳摄影地点是壮志凌云文昌阁建筑的大操场，乘游船拍摄也是一个不错的选择。

第五章 黟县——走向世界的乡村

黟县因黄山（古称黟山）而得名，是古徽州六县之一，位于安徽省南端、黄山风景区西南麓，县政府驻地碧阳镇距黄山风景区30余千米，距黄山屯溪国际机场约60千米，皖赣铁路、黄祁高速公路穿境而过。黟县建置于公元前221年，现总面积857平方千米，总人口9.47万人，辖5镇、3乡、4个社区、66个行政村。

黟县是徽商和徽州文化的发祥地之一。黟县四季分明，气候温和，田园风光迷人。境内存有大量的明清民居、祠堂、牌坊、园林，更有世界文化遗产西递、宏村古村落，素有“东方古代建筑艺术宝库”“中国传统文化缩影”之美誉。

黟县是历史悠久的文明古县之一，是安徽省历史文化名城。黟县历史上名人荟萃，汪勃、张小泉、俞正燮、赛金花、黄士陵、汪大燮、舒绣文等均出自于此。皖南古村落西递、宏村被联合国教科文组织列为世界文化遗产，西递、宏村、南屏村古建筑群先后被列入“全国重点文物保护单位”名录，屏山和赛金花故居被列入“省级重点文物保护单位”名录，西递、宏村、南屏、屏山、关麓被列入“中国历史文化名村”名录，9名民间艺人成功入选省级非物质文化遗产传承人。黟县山场面积7.28万公顷，森林覆盖率达84.9%，生态环境、田园风光十分优美，有“桃花源里人家”“中国画里乡村”的美誉，先后荣获首批“全国绿色小康县”“国家级生态示范区”等称号，其中五溪山、木坑竹海为省级森林公园。

一、食在黟县

黟县的饮食属于徽州菜系。徽菜，为全国八大菜系之一，发祥于南宋，起源于徽州)，以烹制山珍野味而显其特色。徽菜的特点就是重“色”、重“油”、重“火功”，所以滋味浓郁。因徽州地处山区，雨量较多，气候适宜，物产特别丰富，所以选择山珍野味烹调佳肴是徽菜的独到之处。在黟县品尝美食，可以把目光投向当地的一些点心小吃，它们或许有一些乡土气息，或许也不是那么精致，但是却有着浓浓的徽州味，让人回味无穷。

（一）腊八豆腐

腊八豆腐是黟县民间的风味特产。在农历十二月初八前后，黟县的家家户户都要晒制豆腐，当地人将这种在新年前晾晒的豆腐称作腊八豆腐。腊八豆腐成品色泽黄润如玉，入口松软，咸中透甜，又香又鲜。若在晒制时加入虾米等辅料，则更加美味。它既可以单独成菜，也可以与肉类搭配，或炒或炖，都是美味。招待贵宾时，黟县人还将其雕刻成动物、花卉的模样，淋上麻油，拌上葱、姜、蒜等佐料，配成冷盘，成为酒宴佳肴。

（二）甘草水鱼

甘草水鱼产于黟县霭水河中。这种鱼略似石斑鱼，长约二三寸，通体银白，鱼肉鲜嫩味美，略带甘草味，故称“甘草水鱼”。烹食时不需去鳞，鱼鳞入嘴，柔软略腻，越嚼越鲜。

（三）黟县食桃

黟县民间每年寒冬腊月，家家户户都有蒸食桃的习俗。食桃是用优质籼米掺入一定比例的糯米制成米粉后，加入水，揉成粉团，压入模中成型，蒸熟即成。食桃模多用枣木、桃木精制雕刻而成，外形为桃的形状，上面图案各异，有麒麟送子、寿星、福星和元宝等图案。食桃冷却后浸入水中，久存而不易变质。

（四）泗溪葛粉

葛粉是黟县泗溪乡的“泗溪三宝”之一，是由生长在高山上的野葛经加工后制成。葛粉是一种天然保健食品，加工所用的野葛块茎呈白条状，营养价值高，是清热解毒、提神醒脑、静心防暑的理想食品，常饮有降血压、降血脂、减肥、美容等功效。泗溪深处高山密林，土壤肥沃，云雾缭绕，气候宜人，自然环境独特，资源非常丰富。

（五）苞芦松

苞芦松是当地著名的一个零食小吃，是以山区的山苞芦为主原料制成。山苞芦是山上种植的一种玉米。制作苞芦松先将山苞芦磨成细粉，用细粉箩筛去皮层，加水搅拌煮成糊状，冷却凝固后再用特制的弓刨成薄片，然后将薄片置于竹匾上晒干。食用前，将薄片投入滚油中炸，薄片舒展膨胀上浮时即可捞起。

（六）宏潭豆腐乳

宏潭豆腐乳产于黟县宏潭乡。腐乳白里透红，鲜艳明透，入口酥，细品香、甜、酸、辣、咸五味俱全。宏潭豆腐乳的制作方法与一般腐乳不同，腌制时要加入精盐、辣椒粉、五香粉、甜酒、芝麻油等佐料，有的还加虾米、火腿等。这种豆腐乳的另一个特点就是储存时间长，可以今年制作明年吃，也有存放几年再吃的，如同陈年老酒一样越陈越香。

（七）豆腐老鼠

“豆腐老鼠”是当地徽州风味小吃，以上好精肉、白豆腐为主料，配以生姜、鸡蛋、精盐，剁细如泥，挟鸡蛋一大团置于碗内的小麦粉上，双手捧碗反复簸滚，使之裹成一个白团，然后投入沸水中煮，待其浮出水面，捞起放入事先配好佐料的鲜汤内即成。“豆腐老鼠”细嫩鲜美，老弱妇孺皆宜，是极佳的营养品。

（八）徽式炒面

徽式炒面是当地的一个特色小吃。它采用徽式传统的座杠刀切面，比机器压面味道好，皮质韧性大，配半瘦肉、熟冬笋、开洋、水发香菇、精盐、味精、酱油、猪油、黄酒、蒜叶等佐料。炒成后，色泽翠黄，金丝缕缕，鲜香扑鼻，柔软润滑。

表5.1　黟县部分特色餐饮小吃店一览

名　称	地　址
老街饭店	黟县宏村景区宏村前街03号
宏村1983徽菜馆	黟县宏村景区旁50米，近宏村景区入口
得月楼	黟县宏村景区月沼旁
宏村居善堂	黟县宏村上水圳6号
宏村一休阁土菜馆	黟县宏村老村口两个大树对面，过桥右手第一家

续 表

名 称	地 址
香满楼徽菜馆	黟县宏村镇商业街，近宏村南湖景区
宏村一品阁私房菜	黟县宏村景区西门售票处
添灯饭店	黟县宏村前街23号
三思堂私房菜	黟县宏村汪大燮故居房
西递三畏堂	黟县西递景区景点胡氏宗祠旁

二、住在黟县

黟县旅游资源丰富，自然风光优美，人文历史悠久，拥有良好的生态环境和灿烂的地方文化，旅游业发展的条件得天独厚，因此也带动了酒店业的蓬勃发展。酒店或依山或临水，或隐居山间或身居闹市，设施齐全，可以为游客提供全方位服务，满足不同游客的旅游需求。黟县既有星级酒店，也有各种特色的民宿客栈。

表5.2 黟县部分星级酒店一览（截至2014年）

名 称	星 级	地 址
黄山奇墅仙境中坤国际大酒店	5星	黟县宏村镇奇墅村，奇墅湖旁
黄山香溪谷旅游度假村	5星	黟县西递镇香溪谷，近西递大门口
黟县金陵宾馆	4星	黟县翼然路，万官山脚下
西递桃源人家度假酒店	4星	黟县西递镇，近西递景区入口
宏村天一堂精品酒店	3星	黟县宏村镇水墨宏村善源坊41号
宏村景尚云端酒店	3星	黟县宏村镇水墨宏村18幢
宏村云龙山庄	3星	黟县宏村学校旁
宏村万巢酒店	2星	黟县宏村塔川景区，近030县道
黟县顺兴商务宾馆	2星	黟县沿河东路顺兴广场内，近218省道
西递行馆	3星	黟县西递古民居景区内，胡文光牌楼对面

表5.3 黟县部分民宿客栈一览（截至2014年）

名 称	地 址
宏村健安居客栈	黟县宏村景区承志堂边，上水圳24号
宏村馀庆堂客栈	黟县宏村后街24号
宏村松鹤堂客栈	黟县宏村镇宏村上水圳7号
宏村万巢酒店捌间房客栈	黟县宏村景区内月沼向东100米
宏村印象老屋	黟县宏村镇东边井4号，宏村风景区内

续 表

名 称	地 址
宏村塔川桃源农家乐	黟县宏村塔川景区内
黟县茶园客栈	黟县宏村景区外芳村，近芳村村委会
宏村和馨园客栈	黟县宏村景区内，近218国道
黟县山泉农家乐	黟县碧阳镇横岗村石山桥口
宏村塔川农居农家乐	黟县塔川村，近塔川村委会

三、畅行黟县

1.航 空

黟县没有机场，但若选择乘坐飞机到达黟县，可以先乘坐飞机到达黄山屯溪国际机场（黄山市屯溪区），然后再到黄山汽车站转乘汽车前往黟县。

2.公 路

黟县已有长途班车可直达上海、杭州、江苏等长三角地区和黄山、九华山、太平湖、牯牛降等旅游景区。

3.铁 路

黟县没有火车站，但若选择乘坐火车到达黟县，可以先乘坐火车到达黄山火车站（黄山市屯溪区），然后再去黄山市汽车站转乘汽车前往黟县。南方的游客可选择在鹰潭或者杭州转车到黄山，北方的游客可在南京转车到黄山。此外，到达黄山火车站后，也可以在火车站站前广场，包车前往黟县县城或西递、宏村。

4.县内交通

黟县与各景点之间的交通比较方便，从黟县乘坐公交车去其他景点是个不错的选择。

去往西递：约8千米路程，可在县城汽车站搭乘去往西递的公交车，每20分钟一趟。

去往宏村：约10千米路程，可在县城汽车站旁的向阳桥头（县信用联社门口）搭乘去往宏村的公交车，每20分钟一趟。

去往赛金花故居：可在县城汽车站旁的向阳桥头（县信用联社门口）搭乘去往宏村的公交车，每20分钟一趟。

去往南屏：约4千米路程，可在县城汽车站搭乘公交车。

去往屏山：约4千米路程，可在县城汽车站搭乘公交车。

去往关麓：约7千米路程，可在县城汽车站搭乘公交车。

去往木坑竹海、卢村木雕楼、龙池湾景区：可先乘坐公交车到宏村景区门口下，然后在景区门口包车前往。

表5.4　黟县部分旅行社一览（截至2014年）

单　位	地　址
安徽黟县旅行社	黟县沿河西路26号
黄山市黟之旅旅行社有限公司	黟县碧阳镇翼然中路160-1号
春秋国际旅行社有限公司黟县分公司	黟县沿河西路青少年宫幼儿园附近

四、乐购黟县

（一）黄山毛峰

黄山毛峰，属绿茶烘青类。每年清明谷雨，选摘初展肥壮嫩芽，手工炒制，该茶外形微卷，状似雀舌，绿中泛黄，银毫显露，且带有金黄色鱼叶（俗称黄金片）。入杯冲泡雾气结顶，汤色清碧微黄，叶底黄绿有活力，滋味醇甘，香气如兰，韵味深长。由于新制茶叶白毫披身，芽尖峰芒，且鲜叶采自黄山及周边地区，遂将该茶取名为黄山毛峰。

（二）黟县笋干

笋是竹的嫩芽，其种类因竹而异。其中，毛竹冬笋被誉为“黄山山珍”。它脆嫩鲜美、营养丰富，素有“宫廷美食”之称。笋干是竹笋经蒸煮、烘烤制成的一种干菜，是味鲜色美、脆香爽口、营养丰富的佐餐佳品。笋干烹调方便，耐贮藏，易保存，易包装运输。笋干系列产品有“条笋”“焙熄”“肥挺”“脱挺”和“小挺”等五种。近年来，人们又开发出小包装的五香笋片、笋丝等，为旅游食品中的佳品。笋干由春笋经过传统制作方法加工而成，分榨、晒、熏三大类。笋衣一般有毛笋衣，宜制汤羹；红笋衣（大红笋），宜作炒食。把笋切成片后晒干，即为笋片，配料后可制成咸笋片、酸辣笋片、五香笋片等，各有不同风味。

（三）渔亭糕

渔亭糕源于黟县古镇渔亭，是徽州地区一种历史悠久的特色传统食品。其做工精致、配料考究，入口香酥松脆、口感细腻，食用时以黄山绿茶相佐，齿颊留香。每当腊月岁末几天，当地几乎家家都会制作渔亭糕。

（四）黟县香榧

黟县香榧产于黄山西南群峰中的泗溪，这里榧树奇特，其叶似杉，其木如柏，其理如松。一串串像橄榄一般的果实挂满枝头，叶片尖上长叶片，两叶相接处生长来年的小果，小叶尖上还能看到后年的小果芽，可谓“三代相见”。香榧除了能够加工成干果作为美味食品外，还是名贵的中药材。香榧性味甘平，入药具有杀虫、消积、润燥的功效。现代临床医学证实，香榧对驱除蛲虫效果显著，对治疗痔疮、小儿遗尿症也大有裨益。

（五）黟县板栗

黟县地处山区，气候怡人，非常适合板栗生长。这里产出的板栗个大、肉脆、口感好，主要用于制作糖水罐头。采用特殊生产工艺做出的糖水罐头甜而不腻，美味爽口，营养丰富，还有美容养颜的神奇功效。板栗全身是宝，可以加工制作成栗干、栗粉、栗酱、栗浆、糕点、罐头等食品，且栗子羹是老幼皆宜、营养丰富的甜品。板栗树材质坚硬，纹理通直，防腐耐湿，是制造军工、车船、家具的良好材料；其枝叶、树皮、刺苞富含单宁，可提取烤胶；其花也是很好的蜜源。板栗各部分均可入药，板栗能健脾益气、消除湿热，果壳能治反胃（称作收敛剂），树皮煎汤可洗丹毒，根可治偏肾气等症。

（六）黟县木耳

木耳，别名“黑木耳”“光木耳”，根据真菌学分类属担子菌纲、木耳目、木耳科。国内有8种，生长于栎、杨、榕、槐等120多种阔叶树的腐木上，单生或群生。木耳实体成胶质，呈圆盘形，耳形不规则形，直径3～12厘米。新鲜时软，干后成角质。口感细嫩，风味独特，是一种营养丰富的食用菌。黟县木耳因为产地环境好，所以是木耳中的上品。

五、玩转黟县

黟县的文化积淀深厚，古老的文化传承至今。黟县每年都要举行抛绣球等活动，其中跳童表演、宏村赛鸟等活动吸引了来自各地的游客。

（一）经典影视寻踪二日游

第一天：早上抵达黟县，前往宏村景区；中午在宏村景区就餐，稍事休息；下午前往卢村木雕楼景区，夜宿黟县。

第二天：早上前往木坑竹海；中午在县城就餐，稍事休息；下午前往南屏景区，夜宿黟县。

（二）夏日摄影采风二日游

第一天：早上到达黟县后，驱车到木坑竹海景区；中午在木坑竹海景区就餐，稍事休息；下午到宏村，晚上可以前往龙池湾景区住宿。

第二天：早上前往奇墅湖景区，游完奇墅湖；中午去往美溪打鼓岭，在景区内用餐；下午游览打鼓岭及黄姑河景区，傍晚可以选择在景区住宿或者返回县城用餐住宿。

（三）生态度假休闲三日游

第一天：早上从黄山抵达黟县西递景区参观并用中餐，下午赴五里新农村，观赏百亩桃花，垂钓休闲，体验农家乐，夜宿黟县。

第二天：早上出发赴宏村参观，之后前往木坑竹海景区，吃农家饭，尝农家菜，品农家茶，住农家屋。

第三天：早上赴屏山参观，结束后到深冲参观千亩茶园，体验采摘乐趣，品深冲无公害绿茶，用餐后返回或夜宿黟县。

（四）民俗风情娱乐

1.中国黟县摄影展

时间：每年10月。地点：黟县。

主要内容：摄影作品展览，“黟”往情深摄影活动交流周活动，黟县徒步露营大会，摄影大展商务活动，摄影爱好者观摩采风活动。

2.黄山黟县国际山地车节

时间：每年3月或4月。地点：黟县。

主要内容：一是开幕式活动，包括开幕式和文艺表演；二是旅游观光，包括西递古镇寻宝、宏村健身行走和黄山观光活动；三是商贸展示活动，主要有自行车和户外体育产品展示与销售及历届山地车节精彩摄影展等活动。

3.旱龙舟竞技比赛

时间：农历五月初五。地点：黟县。

主要内容：旱龙舟竞技比赛是在陆地上进行的模拟龙舟比赛的活动。除了比划龙舟速度外，还有其他一些活动，如龙舟游乡。龙舟游乡是在龙舟竞渡时划着龙舟到附近熟悉的村庄游玩、集会。有时龙舟还有各式花样的划法，具有表演的特色。

4.宏村赛鸟习俗

时间：春节期间。地点：黟县。

主要内容：鸟友交流养鸟经验和心得，且所有参加赛鸟活动的鸟都是雄性画眉。先通过抓阄确定比赛场次，参赛的画眉再通过比歌声、比气势和比“武”，战胜对手获得名次。

六、游遍黟县

黟县境内峰峦叠翠，碧水环绕，无山不奇秀，游水皆飞花，以下是对部分知名乡村旅游景点的介绍。

（一）宏村——感悟智慧牛形村

1.景点介绍

宏村位于古徽州六县之一的黟县东北部，村落面积约19.11公顷，整个村落依山傍水而建。村后以青山为屏障，地势高爽，可挡北面来风，既无山洪暴发冲击之危机，又有仰视山色泉声之乐。宏村有了水一样的灵性，这也正是它比其他徽州古村落更具魅力的原因。

巍峨苍翠的雷岗山为“牛首”，村中两棵古树是“牛角”，由东而西错落有致的民居群宛如庞大的“牛躯”。引清泉为“牛肠”，经村流入被称为“牛胃”的月沼后，经过滤流向村外被称作“牛肚”的南湖。人们还在绕村的河溪上先后架起了四座桥梁，作为“牛腿”。这种别出心裁的科学的村落水系设计，不仅为居民解决了消防用水，还调节了气温，为居民生产、生活用水提供了方便，创造了一种“浣汲未防溪路远，家家门前有清泉”的良好环境。湖光山色与层楼叠院和谐共处，自然景观与人文内涵交相辉映，是宏村区别于其他徽州古村落布局的一大特色，也成为当今世界历史文化遗产的一大奇观。

宏村古民居以正街为中心，层楼叠院，街巷蜿蜒曲折，路面用一色青石板铺成。两旁民居大多是二进单元，前有庭院，辟有鱼池、花园，池边多设有栏杆，“牛肠”水滋润得游鱼肥壮，花木浓香馥郁。马头墙层层叠落，额枋、雀替、斗拱上的木雕姿态各异，形象生动。坐落在南湖畔的南湖书院，建筑颇为壮观，现为南湖中心小学校址。据说，民国初期的国务总理江大燮（宏村人）幼时曾在这里读过书。

（1）南湖：位于宏村南首。宏村经永乐年间（1403—1424）到万历年间（1573—1620）发展，楼舍连栋，高低错落，人口繁衍，光靠月塘蓄水已不够用，所以又在万历丁未年（1607）将村南百亩良田凿深数丈，四旁砌石立岸，仿西湖平湖秋月式样，建成南湖。湖成大弓形，湖堤古树参天，苍翠欲滴，青藤盘绕，禽鸟鸣唱，还有垂柳，枝叶婀娜，像临镜梳妆的少女，把秀发洒向湖面水中。南湖历史上大修了三次，1986年重建中堤，造“画桥”，情趣无穷。清嘉庆甲戌年（1814）秋，浙江钱塘（今杭州）名士吴锡麟游南湖后，撰文说道，宏村南湖游迹之盛堪比浙江西湖，因而南湖又有“黄山脚下小西湖”之称。

南湖的美在于它的晨与昏。清晨，南湖湖面上飘着一层薄薄的雾气，好似仙境般梦幻，此时村里人还未起床，四周只有清脆的鸟叫声和四处闲逛的狗。傍晚，随着天色渐暗，南湖书院渐渐在视野里变得模糊，湖四周呈现出各种蓝色，从浅蓝到宝蓝，再到深蓝，渐渐成为夜色。

(2)月沼：老百姓称“月塘”，建于明永乐年间。当时宏村的汪思齐发现村中有一泓天然泉水，冬夏泉涌不息，他三次聘请海阳县(今休宁)的风水先生何可达，并和族内高辈能人“遍阅山川，详审脉络”，制订扩大宏村基址及村落全面规划牛形水系蓝图，引西溪水绕村屋，其“牛肠”水圳九曲十弯，又把水引入村中心天然井泉处建月沼池塘，以蓄条内阳水，供居民防火、饮用等。后裔汪升平等人投资万余金，继续凿圳、挖掘成半月形池塘，完成了前人未完成的“月沼”，这就是月塘。月塘常年碧绿，塘面水平如镜，四周青石铺展，粉墙黛瓦整齐排列，蓝天白云跌落水中，老人在聊天，妇女在浣纱，顽童在嬉戏。

(3)南湖书院：位于南湖北畔。在明末，宏村人在南湖北畔修建了六所私塾，又称“依湖六院”。南湖书院是一座具有传统徽派风格的古书院，占地约6 000平方米。书院由志道堂、文昌阁、会文阁、启蒙阁、望湖楼及祗园六部分组成。一湖碧水位于书院前，连栋楼舍接着书院，书院粉墙黛瓦，与碧水蓝天交相辉映。书院的志道堂是讲学的地方；文昌阁是供奉孔子牌位的，学生在这里对孔子瞻仰膜拜；会文阁是读四书五经的场所；启蒙阁是启蒙读书之处；望湖楼是闲时观景休息之地；祗园是内苑。

(4)承志堂：宅居名。承志堂位于宏村上水圳中段，建于清咸丰五年(1855)，是清末大盐商汪定贵住宅。整栋建筑为砖木结构，内部砖、石、木雕装饰富丽堂皇，总占地面积约2 100平方米，建筑面积3 000余平方米，是一幢保存完整的大型民居建筑。全宅有9个天井，大小房间60间，136根木柱，大小门窗60个。全宅又分内院、外院、前堂、后堂、东厢、西厢、书房厅、鱼塘厅、厨房、马厩等，还有搓麻将的“排山阁”和吸鸦片的“吞云轩”，另有保镖房和男、女佣人房。宅内有池塘、水井，用水不出宅。

(5)敬修堂：是宏村典型的清代民居，坐落在月沼北侧西首，始建于清代道光年间(1821—1850)，距今已有180余年的历史。占地面积约286平方米，建筑面积约452平方米，屋基高出月沼近1米，整个房子坐北朝南，正厅前为庭院。与其他民居不同之处是院门外留有10平方米的空地，俗称“厅坦”，是夏日纳凉、冬天晒太阳及小憩聚会之处。

(6)树人堂：清朝授奉政大夫诰赠朝仪大夫汪星聚于同治元年(1862)所建。树人堂全屋宅基呈六边形，取六合大顺之意。正厅偏厅背靠水圳，坐北朝南，天花彩绘，飞金走彩。厅堂东边利用有限空地，建一小水塘，活水长流。外门为八字门楼，内置悬坊栏板。树人堂也称“民艺收藏馆”，是房主后裔的私人收藏馆。为弘扬徽州的历史文化，汪氏后裔多年来从民间及其他博物馆收集了明清时期的老作坊机械、石制器具、徽州版画、民俗用品、徽商书信用具、宏村族谱等，再现了当年徽州社会生活的一些场景。

(7)桃园居：建于清咸丰十年(1860)，因房主曾于院内植一稀有品种的桃树而得名。桃园居虽规模不大，但门楼砖雕和室内木雕堪称精品。门楼上的砖雕刻得精细，而且层次比较多，清狮、白象等动物形象生动，尤为独特的是门楼上部用水磨砖砌的一弧形门额，类似室内厅堂上方前部的冬瓜梁。门额中间镶嵌一块大形弧形砖雕，这是一般古民居所少见的。

室内木雕花样繁多，技法多变，内容丰富，寓意深刻，这些特点主要体现在大厅房门及窗户和书厅雕花门上。大厅门窗的主图案为宝鼎、宝瓶，窗户开口为挂络式，两边窗户上方各有两个守窗“童子”，窗栏板上还有犹如活的一般的四只喜鹊、六只麒麟，寓为“四喜六顺”，房门上部为“藤结花”，每扇门上的“花心板”上的人物均出自历史典故，其中东房门里扇“花心板”上为“羲之戏鹅”，另外两厢的葡萄挂络、双狮雀替均属珍品，挂络中的飞马寓“飞黄腾达”之意。

(8)汪氏宗祠：14世纪中叶，生活在皖南黟县的汪氏家族还在筚路蓝缕，以启山林之中。因为居住的村庄屡次遭受火灾，几经搬迁，汪氏家族终于来到今天的宏村定居下来，并修建了村子里最重要的建筑——汪氏宗祠乐叙堂。整个建筑平面呈“凸”字形，面阔24.4米，进深32.7米，脊高10.2米。正厅七开间，中有天井，前有围廊，门旁有抱鼓石。全祠布柱70根，属“满堂柱”建造。正厅4根前檐柱粗大厚实，呈棱形。前檐柱及廊檐柱均有“柱头科”，柱头科之间有“平身科”，均为二跳斗拱。前檐斗拱比廊檐斗拱粗大，柱头科16朵，平身科18朵，转角铺作“小拱头”。曲梁与柱子衔接处均有丁头拱承托，拱眼如单幅云。斗拱、梁架、梭柱等镂刻精细。

(9)敬德堂：整幢建筑装饰简朴，屋柱为方形，是宏村明末清初民居的代表作，可用于了解普通商人的生活情况和徽州明清建筑的格局。它位于宏村“牛肠”水圳下游转弯处，建于清初顺治三年(1646)，为“H”形民居。厅堂背向排列，前后厅均有天井，采光性能好，两侧为厢房，南侧为前院，北侧为厨房，厨房里还有一个小天井，东侧还有一座坐西朝东的小偏厅和大花园。

“敬德堂”的“敬”与积累的“积”读音相近，反映出主人希望自己的后人能积德行善。主人喜好种植花草盆景，在正屋前留有足够开阔的地方，并在院子左边安置一间木制小房，相当于温室，冬季时把盆景放在房内。

(10)水圳：至今已有500多年历史，总长1 200多米，绕过家家户户，长年清水不断。宏村人的祖先很会利用自然溪水来做文章，他们在宏村的上首浥溪河上拦河建坝，用石块砌成数米宽的人工水渠，利用地势落差，把一泓碧水引入村中。水圳九曲十弯，穿堂过屋，经月沼，最后注入南湖；然后出南湖，灌农田，浇果木，重新流入浥溪河，滋润得满村清凉，使静谧的山村有了动感。

2.名人点赞

专家评价宏村“人文景观、自然景观相得益彰，是世界上少有的古代有详细规划之村落”。

中外建筑专家称其为“中国传统的一颗明珠”，“研究中国古代水利史的活教材”。

联合国专家称赞它为“举世无双的小城镇水街景观”。

3.景点信息

地址：黄山市黟县。

交通：①可在黄山火车站站前广场或机场前广场包出租车前往宏村。②从黄山火车站出站后穿过广场至十字路口花坛，在右手方向等候开往黟县方向的中巴车。③去黄山汽车站搭乘去黟县的客运车。④从黟县汽车站乘车去宏村，15～20分钟发车一次，循环发车，车程20分钟。

用时参考：3～6小时。

特别提示：①宏村景区的门票在走出景区后，需要重新购票，不过如果用身份证登记，票在三日内有效。②观看《宏村·阿菊》可以争取抢绣球的机会；此外，观看大型水雾表演时，坐在最前排要做好湿身的准备，景区内会提供雨具。每场演出70分钟，每周一停演。观看地址：黄山市黟县宏村奇墅湖国际旅游度假村。

（二）西递——品味清代古民居

1.景点介绍

西递村是安徽省南部黟县的一个村庄。西递是黄山市的古民居旅游景点，坐落于黄山南麓，距屯溪54千米，距黄山风景区仅40千米，距黟县县城8千米。该村东西长约700米，南北宽约300米。

西递村前的牌楼始建于宋元祐年间（1086—1093）。由于河水向西流经这个村庄，故原来称该村为“西川”。后来之所以改称“西递”有两种说法：一种是以前这里是交通要道，政府在此处设有驿站，用于传递公文和供来往官员暂时休息，驿站在古代又称为“递铺”，所以西川又称为“西递铺”；另一种是中国大地上的河流都是向东流的，而“西递”周围的河水却是往西流的，“东水西递”，所以西川也就被称为西递了。

这个村子的兴衰与胡家命运紧密相连。西递始祖为唐昭宗李晔之子，因遭变故，逃匿民间，改为胡姓。胡家从1465年起开始经商，后经商成功，大兴土木，建房、修祠、铺路、架桥。在17世纪中叶，胡家有人从商场转向官场，自此所产生的影响使村庄得到发展。18世纪到19世纪，西递的繁荣达到最顶峰，当时村里大约有600家华丽的住宅。

西递村中一条主道贯穿东西，其两侧各有一条与之平行的街道，一起穿过很多窄巷。在敬爱堂、履福堂、刺史牌楼等公共建筑之前还有小广场。现在，西递主要旅游景点包括124幢保存完好的明清建筑，大多数民居都已对公众开放。西递村建房多用黑色大理石，两条清泉穿村而过，99条高墙深巷、各具特色的古民居使游客如置身迷宫。村头有一座明万历六年（1578）建的三间四柱五楼的青石牌坊，峥嵘巍峨，结构精巧，是胡氏家族地位显赫的象征。村中还有一座康熙年间建造的“履福堂”，陈设典雅，充满书香气息，厅堂对联“书诗经世文章，孝悌传家根本”和“读书好营商好效好便好，创业难守成难知难不难”，堪称经典。

（1）胡文光牌坊：建于明万历六年，俗称“西递牌楼”。当时的西递人胡文光登嘉靖乙卯科进士，先为江西万载县知县，后为胶州刺史，迁荆王府长史，授四品朝列大夫。因其政绩显著，皇帝遂恩准敕建这座石坊。整个牌坊上下用典型的具有徽派特色的浮雕、透雕、圆雕等工艺装饰出各种图案，且每一处图案都蕴含有极为深刻的寓意。胡文光牌坊造型庄重、典雅，石雕技艺出众，堪称明代徽派石坊的代表作。

(2)走马楼：位于胡文光牌坊西侧，又称"凌云阁"，始建于清代道光年间，相传是当年西递首富胡贯三家族为迎接歙县的亲家、当朝宰相曹振镛的到来而突击营造的。现今的走马楼是依据当年的布局重新修复的，并与相邻的七哲祠遗迹共成一个景点。走马楼分上下两层，粉墙黛瓦，飞檐翘角。现走马楼内表演黄梅戏、抛彩球、茶道等节目。楼下有单孔石拱桥，名为"梧赓古桥"。西溪流水穿桥而过，潺绕走马楼，在这里可领略到"西递八景"之一的"梧桥夜月"美景。

(3)敬爱堂：位于前边溪东岸，是一座面积达1 800平方米的典型徽派砖木结构建筑，也是西递村现存最大的祠堂。敬爱堂门前飞檐翘角，气势恢宏。敬爱堂是祭拜祖先、教育后代、鸠宗聚族和举行各种宗族活动的场所，于1992年重新修复，现被辟为"西递民俗展览馆"。敬爱堂原为明经胡氏十四世祖仕亨公之享堂，他的三个儿子为表示兄弟间互敬互爱，故将享堂改建成祠堂。入中门为祭祀大厅，厅分上、下庭，左右分设两庑，下庭两根6米高的黟县青石柱与上庭两根粗壮的白果木柱相映衬，承托规整的梁架，雄伟壮观。举首环顾对联、楹柱，特别是梁檩上悬挂的"天恩重沐""上国琳琅""四世承恩""盛朝英俊"等多块金字古匾，似向游人显示胡氏宗族当年的荣耀。上庭正面木板壁上悬挂着祖宗的画像，上悬匾额"百代蒸尝"，意思是要世世代代不忘祖先的恩典。下面正中是一把太师椅，是族长之位。两边纵列两排罗汉椅、案，为族中年长和有声望之人议事或祭祀时所坐。厅前还有一大几案，用于祭祀时放置祭品。上庭之后为楼式建筑的供奉厅，供奉列祖宗神位。神主次序是始祖居中，其他依昭穆之序排列。

(4)旷古斋：建于清康熙年间(1662—1722)，是一幢清朝时期典型的徽派庭院式的私家宅院。斋内的砖、木、石三雕都基本保持原样，正厅堂前摆放有西递古村落全景大沙盘，形象地再现了古村落的整个布局和山形地貌。

旷古斋是一座由庭院、花园和多单元房子组成的私家宅院，对游客开放的是前楼厅堂。厅堂的陈设是典型的古徽州风格，正面板墙上方悬挂的是一块隶书大匾"旷古斋"，匾额下是中堂画，画两边有两幅古对联。其中一幅是"孝弟传家根本，诗书经世文章"。这是一幅改字联，其中把"孝悌"写为"孝弟"，更扩展了兄弟和睦之情；"文章"的章字中"早"字竖出了头，以示多读诗书早日出人头地之意。

从旷古斋门罩的造型不难看出主人的心思：整个门罩呈元宝形，两头翘角的下方各有“富”“贵”二字，“富”字表达了主人希望经商赚钱、招财进宝的意愿，“贵”字则反映了主人亦商亦读、以商保仕的愿望。

（5）西园：在中横路街上，建于清雍正年间（1723—1735），是清道光年间四品官胡文照的私宅。庭院分前、中、后三进，以低墙相隔，院内有花草树木、鱼池假山、匾额漏窗，用的是典型的徽派造园手法。

（6）东园：东园与西园相对应，是一组多单元的古老住宅，风格古朴，不失华丽。包括凉厅、正厅、前厅三进。正厅为厚光堂，用于接见贵客之用；前厅为接待亲眷内宾之所；凉厅为书厅，既是主人修身养性的书屋，又是主人办私塾的场所。凉厅左边厢房房门为六边形，右边却是圆形，突破了传统式的对称建筑结构，而取得了不对称中之对称美的效果。这里“取吉”图案随处可见：左边六边形门上雕刻“五蝠捧寿”的图案，五只蝙蝠翩翩展翅意喻多福长寿；右边圆形房门上是一幅很大的冰梅图（俗称“冰裂”图），冰块棱角分明，香梅花瓣清晰，冰棱寓意“十年寒窗”，香梅象征“梅花香自苦寒来”，从中不难看出主人的心愿，即希望自己的儿孙后代要刻苦攻读，积极上进，荣获功名，争气做人。

（7）惇仁堂：位于“大夫第”后弄，“敬爱堂”上首，濒临前边溪，是徽商泰斗明经胡氏二十四世祖胡贯三之父胡应海晚年居住的地方。房屋呈五开间两厢二楼结构，宽大明亮，气势轩昂，现为胡贯三后裔居住。房大屋亮是惇仁堂建筑的显著特点，中间厅堂十分宽敞，在西递明清古民居中数第一。后半部平顶天花，前半部拱形卷蓬为顶，并高于后半部，以确保天井光线直接照射到厅堂的太师壁。两侧各两间为卧房，两间卧房相通，古称“联珠房”，类似现代的套间。紧靠厅堂的两间卧室，面临天井，光线也很充足，而两侧的房间由于离天井较远，光线自然就差多了。因此，设计者就专门在房间窗户上方设计了一束见方的小天井，俗称“子”天井，以供采光之用。同时，在两梢间用装有桃花木雕图案的隔扇门分隔，关上扇门，是三门两厢式样，而打开扇门，一眼就能看清并列五间房和两侧类似天窗的小天井，别有一番天地。堂内陈列摆设古朴典雅。“惇仁堂”匾额高悬太师壁上方，是清嘉庆年间（1567—1572）自称“菊叟”的汪承霈手书。汪承霈，休宁人氏，举人出身，官拜三品，系太子太傅、军机大臣、吏部尚书汪由敦之子。厅堂上悬挂木刻楹联两副：“几百年人家无非积善，第一等好事只是读书”，“寿本乎仁，乐生于智；勤能补拙，俭可养廉”。联文寓意深刻，气度不凡，具有哲理，道出了当年主人的志向和为人。厅堂太师壁左右两侧各有一具至今隐约可见的报喜捷板。

（8）追慕堂：建于清朝乾隆五十九年（1794），为明经胡氏二十四世祖胡贯三追思慕念祖父丙培公、父亲应海公一生崇文尚义、乐善好施而建。追慕堂屋顶为飞檐翘角，“八”字形大门楼，檐下三元门外设有木栏，八字墙用整块打磨光滑的黟县大理石制成，风格独特，极为精美壮观。

（9）膺福堂：建于清代康熙三年（1664），乃明经胡氏二十五世祖，诰封从二品、户部尚书胡如川（尚憎）的故居，现为其后裔居住。膺福堂高大贴墙门楼，飞檐翘角，方柱月梁，砖雕精美，气势宏伟，显示了非同一般的官第形制。未进其门，便可看到砖雕的八字门楼，其构型与胡文光刺史牌楼相似，门楼上角砖雕的龙凤尾，非常精致。进入大门，就有一个高高的门槛。古时门槛是衡量一个人官职高低的标志，这是二品官的门槛，当然比大夫第的要高得多了。文官从右侧进，武将从左侧进，达到一定级别的官员才能开大门、跨门槛而进。屋内木雕的莲花门和一些古家具，均玲珑剔透，可见当时主人屋的豪华气派。

（10）桃李园：建于清咸丰年间（1851—1861），由正屋和庭院组成，系西递徽商胡元熙的旧居兼私塾蒙馆。正屋为三间三进二楼结构，前两进为两小套背向三间屋。二进楼上设有独特的“楼上井”，使整幢房屋光线充足，空气畅通。此外，楼上木雕栏板可作小姐相亲孔洞，供小姐偷偷观看来往家中的男青年，挑选如意郎君。二、三进之间用粉墙相隔，中间有门相通，门上有隶书“桃花源里人家”石刻横额。在通往街面的小门上，还有小篆“桃李园”三字石刻门额，寓意“桃李满天下”。

2.名人点赞

党和国家领导人江泽民、乔石、李瑞环、朱镕基等先后来西递视察，中外游客更是络绎不绝。有人称，“我们终于找到了中国古代和现代历史的衔接点”，“西递是古民居建筑的艺术宝库”。

3.景点信息

地址：黄山市黟县。

交通：①到达黄山市后，在黄山汽车站换乘到黟县的班车，每30分钟一班；到达黟县后再乘班车至西递，每20分钟一班。全程汽车交通非常方便，不需要长时间的等待。②在宏村的老村口(牛角)的位置,乘坐宏村到黟县的公交车,每20分钟一班。大约20分钟后到达黟县县城,下车后过一座桥向左转便是黟县汽车站了。在汽车站再换乘汽车到西递,每20分钟一班。

用时参考:3～6小时。

(三)南屏——记忆电影片段

南屏村位于黟县县城西南4千米处,因村南有犹如屏障的南屏山而得名,被称为"中国影视村"。这个规模宏大的古村落始建于元明年间,聚居着叶、程、李诸姓家庭的上千口人,至今仍较好地保存着代表宗族势力的8幢古祠堂,并依序排列在一条约200米长的轴线上。宗祠规模宏大,家祠小巧玲珑,组成了一个全国罕见的古祠堂建筑群。同时,这个村的300多幢明清民居古建筑,沿着72条巷弄分布排列,宛如一个迷宫。不要说古祠堂、古民居,单就这些左拐右折、回环往复的巷弄,就要迷倒无数游人。

1.景点介绍

(1)私塾园林:南屏村的古私塾园林和古民居建筑比比皆是。位于村庄上首的半春园,又名"梅园",建于清光绪年间(1875—1908),是村中富商叶自璋为子女读书而营造的私塾庭院。园内有三大间书屋及半月形的庭院,还有对联:"静乐可忘轩冕贵,清游端胜绮罗尘"。

因清代著名散文家、桐城文派代表人物姚鼐的《西园记》而闻名遐迩的西园,坐落在叶氏宗祠前,始建于清乾隆五十六年(1791),占地近10 000平方米,内设牡丹园、梅竹园、山水园、松柏园四大部分,是当时村人叶君华为孩子们读书养性而修建的。可惜西园现已毁坏,现今只留下石雕"西园"两字的大门及西园溪、西园桥及古樟等遗迹。

村中还有"培阑书屋""陪玉山房""梅园家塾"等。

(2)影视村:南屏是"中国影视村",因为在这里拍摄了多部享誉国内外的名片——《复活的罪恶》《大转折》《菊豆》《卧虎藏龙》等。许多当年拍摄时的花絮剧照、拍摄时搭制的场景和道具都留在了这里,成了南屏诱人的另一景。

(3)宗祠林立:南屏最具特色的建筑应属祠堂群。"邑俗旧重宗法,姓各有祠,支分派别,复为支祠。"南屏至今还保留着8座祠堂,大多坐落在村前横店街长约

200米的一条中轴线上。其中，有属于全族所有的“宗祠”，也有属于某一分支所有的“支祠”，还有属于一家或几家所有的“家祠”。宗祠规模宏伟，家祠小巧玲珑，形成一个风格古雅、颇具神秘色彩的祠堂群。

(4)抱一书斋：是李氏家族具有代表性的建筑之一，当时作为私塾供家族中子弟读书之用。房主李宗媚，又名李金榜，当年由于家境贫困，只读两年私塾就外出经营谋生，深知书到用时方恨少。当其事业有成时，便回家乡大兴土木建了三所私塾，这是其中的一所，免费供自己家族中的子弟读书。

(5)穆贤堂：为当年先生授课之地，中间挂有孔夫子画像，两边挂有对联：“慈孝后先人伦乐地，诗书朝夕学问性天”。院内布局和苏州园林相同，有廊亭、回廊和美人靠。

(6)冰凌阁：始建于清朝中期，有200多年历史。冰凌阁由正厅、偏厅、回廊三部分组成，正厅系五体连珠式结构，布局精巧。偏厅分上下两层，均装有莲花门，门上为西湖十景图。回廊与正厅相对，曲径通幽。房屋整体布局与北方的四合院有异曲同工之妙。

(7)南薰别墅：始建于清道光年间，距今170余年，因其大门正对风光秀丽的南屏山而得名。南薰别墅的大门不开在正厅的中轴线上，而是开在正厅左侧，使人有一步到堂之感。正厅是明三间布局格式，宽敞明亮，光线透进宽大的天井，一直可照射到厅堂后部。太师壁挂有“忠孝传家永，诗书处世长”金底黑字对联。二楼为小姐闺房，取名“万云轩”，绣楼的摆设体现了当时主人的富有，绣楼上的镜子及美人靠上的彩色玻璃都是当时主人经商所购的外国货。南薰别墅虽小，但环境幽雅，布局合理，木雕精美，紧凑的安排让人有“小巧玲珑”的感觉。

(8)叶氏宗祠：即叙秩堂，始建于明成化年间(1464—1487)，距今530余年。叶氏宗祠占地约1 000平方米，是一座由54根粗大的圆柱支撑起来的宏伟建筑，分为上、中、下三进大厅。下厅为族人举办活动击鼓奏乐的场所；中厅是祀堂，为宗族举行祭祀仪式或重大活动的正厅；上厅是与中厅相连的三间二层楼房，楼上一般是放置本族祖宗牌位、供族人瞻仰祭拜的地方。一进大门，就见有硕大的木柱支撑着这座宏伟的建筑，柱子上挂着“石林派衍家声远，武水澜回气象新”等木质对联。横枋上悬有“贡元”“进士”“经魁”“松筠操节”和“津逮后生”等功名、褒奖之类的横匾。叙秩堂大门以往只在重大节庆才开，平时走边门进出。其大门的高度比其余7座祠堂都要高，同姓的一切支祠、家祠均不可逾越。叙秩堂就是张艺谋拍摄电影《菊豆》的主要场地，至今仍保持着拍摄《菊豆》时的原貌。

(9)叶氏支祠：即奎光堂，始建于明弘治年间(1488—1505)，距今490余年。叶氏支祠占地千余平方米，系南屏叶氏祭祀其四世祖叶文圭公的祠堂。该祠为三进三开间结构，祠堂由6根黟县青大理石柱及86根白果木柱支撑，整体结构高大轩昂，明朗开阔，是当今保存完好的几座祠堂中规模较大的一座。叶氏支祠悬挂着三块匾额，分别是“钦点翰林”“钦赐翰林”“钦取知县”。门前立有用黟县青大理石雕琢的石镜。石镜下面的镜座雕刻精细，图案优美，旁边的两幅“福禄寿禧”图栩栩如生，象征着丰衣足食。1999年，由李安导演、周润发和章子怡等主演的电影《卧虎藏龙》选此为剧中雄远镖局的内景地。

2.名人点赞

被游客赞誉为“中国古祠堂建筑博物馆”。

3.景点信息

地址：黄山市黟县。

交通：

自驾车方式有两种：①从上海出发，走沪杭高速公路到达杭州—黄山(屯溪)—休宁县—沿218省道到达黟县—沿环城高速路到达宏村—沿县道029到南屏景区。②从合肥出发，走103省道到达黄山市—沿宏儒公路到达宏村—黟县县城—沿218省道进入029县道—行驶大约2 000米看到南屏景区交通提示牌。

公交线路也有两种：①黄山市—黟县县城汽车站(20分钟一班)—南屏景区(20分钟一班)。②汤口—黟县—南屏景区(20分钟一班)。

用时参考：2～3小时。

(四)塔川——倾听入海竹涛声

塔川村又名“塔上”，隶属于宏村镇，是黟县众多美丽富饶的村落中独具魅力的一个山间村落。塔川村作为中国最美三大秋色观赏景区之一、国际红叶摄影节基地、世界文化遗产附属地，始建于北宋大中祥符二年(1009)，北倚绝美千古的黄山西南余脉，南对碧波荡漾的十里奇墅湖。塔川村距宏村仅2千米，距黄山景区20千米。全村由14个古村落组成，绵延十几千米，星罗棋布，山水环绕，田园叠嶂，是全国最大的田园古村落群之一。

塔川村，粉墙黛瓦、飞檐翘角的二三十幢古民居依山而建，层层叠叠，错落有致，远远望去，就好像一座巨型宝塔，此为“塔”之来历。高庵与低庵（因峰之巅原有西林寺禅院而得名）两峰之间，一条清溪破土而去，依山潺潺流下，穿村而过，直奔风景秀丽的奇墅湖，此为“川”之来历。村庄因有“川”过而富有无穷灵气，清溪也因穿“塔”而更显活力。

1.景点介绍

（1）木坑竹海：木坑竹海又称“皖南大竹海”，地处桃源山村东大门，为黄山入黟第一景，方圆数十里均为大毛竹，茫茫竹海、阵阵绿波衬托着数十间粉墙黛瓦的徽派楼舍。木坑竹海又称“滴翠谷”，此谷纵深约6千米，四面环竹，郁郁葱葱，形如金斗，聚财不漏，风水甚佳。雨后观景，翠竹深处，白云人家；晴观日出，犹如黄山云海，翠浪波涛；谷中赏月，仿佛天上人间。漫山的竹林，郁郁葱葱，且前往游玩的游客不多，非常安静，让人心旷神怡。

进入竹海，内有六谷十景，身临其境，恍若置身于世外桃源。木坑竹海更是因荣获国际金奖的摄影作品《翠竹堆青》及荣获奥斯卡金像奖最佳外语片奖的《卧虎藏龙》而蜚声海内外，是众多画家、摄影家、影视家采风创作的乐园。

（2）塔川村：从宏村出发，沿宏泗公路不出2千米，便可来到塔川村。来到村口，映入眼帘的是数棵巨大古树，它们分别是樟、榧、枫等树，这里便是塔川村第一景“五树参天”。历经数百年的参天古木，斑驳的树身，仿佛在向人们叙述着塔川村那沧桑的历史，那露出地面的粗壮树根，有的像巨掌，支撑起一柄柄遮天巨伞。独特的自然环境，不同的树种类别，使得村口这片古木形态各异，有的如利剑直插云霄；有的如花冠，铺遮大地；有的又如千手巨佛，无数巨臂伸向天空，仿佛要摘下天空中的星云。漫步于村中，既可以领略到山间村民古朴纯情的生活乐趣，又可以观赏到“溪绕前屋”“竹山莺啼”“塔川洞天”等绝妙景观。

塔川村的清晨最美，薄薄的雾气笼罩在树上，似有似无，农家的小屋若隐若现，红枫丛中忽露出飞檐翘角，粉墙黛瓦在金黄叶子的掩映下，就如同中国山水画般诗情画意。红叶群是最令人神往的地方，任意选取一个角度，都是一幅绝美的风景画。塔川红叶源自乌柏树，经过霜降，树叶由绿变黄，由黄变红，是摄影“发烧友”的最佳素材，观赏最佳时间只有一个多月，即从10月到11月下旬。塔川秋色最美的是从宏村到斜里的那段，溪水汇入奇墅湖，冲出一大片丰沃的泽地，阳光暖暖地照下来，遍地粉色小花，指甲盖大小，牛马悠闲啃草，山上一路白茶花盛开，蓝色的浆果色调艳丽，矮枝桑树一蓬蓬地向着太阳，枝头顶着一簇绿叶，很是好看。

2.游客点赞

“来到古木林中，绿荫遮目，青草铺地，这里虽没有石凳、石椅，可地面上那纵横交错的树根就可供你小憩，沉静之中，定可感受到塔川村的古朴和谐，清新美丽。”

3.景点信息

地址：黄山市黟县。

交通：去往木坑竹海、卢村木雕楼、龙池湾景区，可坐车到宏村景区门口下，然后在景区门口包车前往，或从宏村景区门口沿宏泗公路步行大约半小时就可抵达。

用时参考：1～2小时。

特别提示：最佳旅游时间为10月和11月；村口及周围地带多植乌桕树，且古树参天，每到秋季，满山树叶色彩斑斓，粉墙黛瓦掩映其中，美不胜收。

第六章　祁门——生态山水天堂

祁门县位于黄山西郊，西南与江西省浮梁县接壤。全县总面积2 257平方千米，现辖8镇10乡，全县人口18.67万人，县名因城北有祁山、城南有阊门而来，建县于唐永泰二年(766)。现县政府设在祁山镇。

祁门县以资源丰富独特著称，境内盛产林木、红茶、瓷土、松香、蛇药五宝。林副产品中的松脂产品质量为全省之冠，年产2 500多吨；香菇有“徽菇皇后”之称，黄山市最大的食用菌集团公司位于该县境内；“祁红”名茶在国际市场上力盖群芳，有“茶叶英豪”之誉，在1915年巴拿马万国博览会和1987年第26届世界优质食品评选会上均获金奖，被公认为世界三大高香名茶之一。山区水利资源充足，是全省10个小水电重点县之一。地下蕴藏着丰富的瓷石、石灰石、石煤、石棉矿等矿石资源，还有铜、钡、锰、锑、锌、铅等多种金属矿藏。其中瓷石储量在580万吨以上，质地细腻，品质超群，被称为“瓷土之王”，自唐宋至今一直是景德镇制瓷业的优质原料供应地之一。

一、食在祁门

(一)中和汤

中和汤是地道的祁门名菜，祁门人每逢置办酒席都少不了中和汤，而且是上桌的第一道菜。相传，南宋祁门籍著名诗人方岳在鄱阳为官时，衙署在鄱阳湖边。他见湖水清澈且自家乡流来，公余便常来湖上泛舟。方岳爱吃豆腐，一次在船上煮豆腐时缺少佐料，因见湖中小虾甚多，便捞了一些与豆腐同时下锅，煮完一尝，味道鲜美。以后他每煮豆腐，都要去湖中捞虾作为佐料，还将此菜命名为“中河汤”，并将其烹制方法带回家乡。渐渐地，一传十，十传百，这道菜就传遍了整个祁门，成了宴会上不可少的美味佳肴。随着其配料越来越多，味道也就越来越好。因“河”与“和”同音，“中河汤”慢慢被人改为“中和汤”，为中和多种美味之意，并且上了徽菜谱，成为很受顾客欢迎的一道徽菜。

（二）鱼咬羊

徽州名菜，将羊肉装入鱼肚子后封口烹制而成。传说，清代徽州府有个农民带着四只羊乘渡船过江，由于舱小拥挤，一不小心把一只成年公羊挤进了江里，这只羊在江中挣扎了一会便沉入水底。不一会儿，鱼儿便蜂拥而至，你争我抢地争食羊肉。鱼儿因为吃得过多，一个个晕头转向。恰巧，附近有位渔民正划着小渔船从此处经过，见如此多的鱼在水面上乱窜，心中惊喜万分，忍不住撒了一网。令他奇怪的是，鱼儿并没有像往常那样活蹦乱跳，而是一个个乖巧地待在网里。当渔夫收了网把鱼拿到家后，觉得鱼特别重，就用刀剖开一条鱼的肚子，见里面装满了羊肉。渔民觉得很新奇，就将鱼洗净，封好刀口，连同腹内的羊肉一道烧煮。结果烧出来的鱼，鱼酥肉烂，不腥不膻，汤味鲜美，风味独特。消息传出后，当地有些美食家也试着烧这样一道菜，果然风味不凡，从那以后，当地人就将这道菜取名为“鱼咬羊”。久而久之，“鱼咬羊”便成了徽菜中的一道名菜了。

（三）千层锅

千层锅是祁门山区的一道美味菜肴。其原料多用农家土菜，一层层放进一口大铁锅中，大火烩煮透熟后，热气腾腾地连锅端上桌。一般情况下，顶上盖的一层是红烧肉片，硕大肥实，油而不腻，周围是排列整齐的肉圆，往下有油炸的豆腐、风干的野味、鲜嫩的竹笋、多样的山菜，通常最下端是干菜拌米粉，油足味厚。吃一层，露一层，每层都不同样，每层都有自己的风味，既新奇又有味，而且料多份足，既是一道菜，也可当饭吃。

（四）蜂　蜜

祁门蜂蜜是祁门周边山区蜂农饲养的中华蜜蜂（土蜂）采集山区百花酿制而成的稀有蜜种，也叫祁门土蜂蜜。

表6.1　祁门部分特色餐饮小吃店一览

名　称	地　址
亿香水府酒楼	祁门县三清山水名门AB-6
老桥人家	祁门县新路上路20号
老路酒家	祁门县中心北路46号

二、住在祁门

祁门位于黄山山麓，毗邻江西。在这里，你能够看到现在的徽州人是怎样日出而作，日落而息，你感受不到城市的压抑，心灵得到放松。

表6.2　祁门部分星级酒店一览

名　称	星　级	地　址
祁红国际大酒店	4星	祁门县过境公路交通局西侧
祁门亿家华府大酒店	4星	祁门县建委旁亿家华府四楼
黄山牯牛降牯牛山庄	3星	祁门县牯牛降观音堂景区

表6.3　祁门部分经济型宾馆一览

名　称	地　址
爱家宾馆	祁门县新兴路9号
祁门兄弟宾馆	祁门县茶花女长廊4号
祁门华丽宾馆	祁门县祁山花苑155号
祁门农家旅社	祁门县中心北路30号
祁门阳光旅社	祁门县下横街9号

三、畅行祁门

1.公　路

祁门县位于安徽省南部，黄山市西南部，黄山西麓；东北与黟县接壤，东南与休宁县为邻，西北连石台、东至县，西南与江西省浮梁县接壤；距黄山市约69千米。自驾车游客可以经过黄祁高速进入祁门县。黄祁高速东接合铜黄、黄塔桃、徽杭高速，西接浮梁高速公路。祁门县汽车站有直达杭州、温州、上海、常熟、温州、合肥、丽水等地的班车。省道慈张线、大青线横贯全境。

2.铁 路

皖赣铁路经过祁门县城，乘火车可达南京、上海、杭州、南昌、厦门、广东等大中城市。

表6.4 祁门部分旅行社一览

名 称	地 址
黄山福缘国际旅行社有限公司祁门分公司	祁门县宇隆广场宇隆大厦1305室
黄山市宇佳旅行社有限公司祁门分公司	祁门县中心南路木材公司二楼
祁门西黄山旅行社	祁门县新兴路324号

四、乐购祁门

（一）祁门红茶

翻开美国韦氏大辞典，“祁门红茶”词组映入眼帘，上面清楚地记录着祁门红茶的原产地——中国安徽省祁门县。作为中国十大名茶之一，祁门红茶在历史上无论是作为商品出口创汇，还是作为博大精深的中华茶文化一员，都发挥着极为重要的作用。祁门红茶创始于清光绪元年(1875)，已有百余年的生产历史。祁门产茶历史记载可追溯到唐朝。

（二）黑木耳

黑木耳别名木蛾、树鸡、荤耳、黑菜等，是世界著名的四大食用菌之一。人们经常食用的黑木耳有两种：一种腹面平滑色黑，背面多毛呈灰色或灰褐色，称毛木耳；另一种两面光滑，黑褐色半透明，称为光木耳。黑木耳为祁门传统特产之一。近年来，由于采用先进的栽培技术，祁门黑木耳产量和质量都有显著提高。尤其是祁门所产的光木耳，色泽好，外观美，肉质肥厚，质佳味正，远近驰名。

（三）十大名菇之首——徽菇

徽菇是徽州香菇的简称，为我国最负盛名的十大名菇之一。1990年12月全国香菇专业会议确定全国十大名菇，徽菇高居首位。

（四）山蔬第一珍品——石耳

石耳是祁门特产之一，因其形似耳，并生长在悬崖峭壁阴湿的石缝中而得名。俗称石衣，又叫石菇、岩耳、石壁花等名，在植物分类学上属地衣门、石耳科。石耳外形和木耳相似，体呈扁平叶状，块大厚实，正面颜色乌黑有绒毛，背面呈灰绿色，腹面中间有一粗壮的“脐”，它就靠着这个奇妙的小吸盘似的脐，才得以在悬崖峭壁上安家落户。

（五）白术之最——祁术

祁术为白术的一种，是名贵地道的中药材，因产于祁门而得名。我国浙江、江西、云南等省均产白术，但以祁术品质最优，为白术中上品。

（六）中药上品——九制黄精

黄精在祁门民间又叫老虎姜、鸡头参等，古称黄芝，意为像灵芝一样的灵丹妙药。黄精属百合科多年生草本植物，地下具横生根状茎，肉质肥大；地上茎长而较柔弱，一枝多叶轮生，叶短似竹，线状披针形；先端卷曲而缠绕他物，无柄。夏季开花，花梗下垂，花呈白色钟状，浆果球形，熟时呈黑色。

（七）祁门瓷土

瓷土是制造瓷器的原料，为祁门特产之一，自古就很有名。明代科学家宋应星《天工开物》中记载：“景德镇从古至今为烧器地，然不产白土，出土婺源、祁门两山。”清代《续文献通考》说：“陶土之种类极多，最纯粹者，西人称高岭土。高岭土虽多供输出，用者多来自祁门，祁门南乡龙风壁，西乡伊坑，产量均高，即景德镇所用之上等原料，亦多取于此。”《陶冶图》中《采石制泥》一节有：“石产江南徽州祁门县平里、郭口两山，距窑厂二百里，开窑取之。”

（八）祁西土布

祁门生产土布始于清道光年间（1821—1850），为农家妇女自行纺织的一种布匹。这种土布以历口为交易集散地，历口附近的大多村子都有生产，其中数量以彭龙村为最。这一带均属祁门西乡，故称“祁西土布”。

五、玩转祁门

（一）祁门牯牛降、池州大王洞等地二日游

第一天：早上出发，中餐后游览国家级自然保护区牯牛降景区，主要景点有牯牛湖、牯牛瀑、檀树林、善庆禅院、水上浮桥、仙女湖、清泉洗心、双蛟吐翠、大小演坑等牯牛降精华景点，之后体验秋浦河怪潭漂流，追寻李白踪迹，畅游有“诗之河”之美称的秋浦河。

第二天：早餐后游览华东第一洞大王洞和杏花村，著名景点有六朝长廊、怀杜轩、古戏台、昭明堂等，感受千年诗村特有的诗酒文化，体验农耕文化，免费品尝手工酿制的黄公酒。

（二）祁门茶乡休闲一日游

牯牛降景区—历溪景区—祁门县箬坑乡红旗村仙寓山。

六、游遍祁门

（一）牯牛降——聆听自然的声影

1.景点介绍

牯牛降坐落在石台、祁门两县交界处，距祁门县城50余千米，核心区面积逾10万亩。牯牛降古称“西黄山”，是黄山山脉向西延伸的主体，这里不仅保存着结构复杂、功能齐全的自然生态系统（有“绿色自然博物馆”之称），而且自然景观古朴原始，集雄、险、奇、幽于一身，山岳风光秀美绮丽。境内有36大峰、72小峰，36大岔、72小岔。最高峰“牯牛大岗”海拔1 727.6米，似牯牛顶天而立。登临极顶，南望群山连绵，黄山诸峰尽收眼底，北眺长江如练，蜿蜒西去，美不胜收。尤为神奇的是秋高气爽之时，峰顶常有硕大的圆弧状七色光环浮现，随风飘浮滚动，此称“佛光”，为牯牛降景观一绝。

2. 景点信息

景点类型：自然保护区。

地址：黄山市祁门县观音堂。

最佳季节：四季皆宜。春观百花竞开，松枝吐翠，山鸟飞歌；夏观松涛、云雾，宜避暑休闲；秋观青松、苍石、红枫、黄菊等自然景色；冬观冰雪之花及雾凇，如遇极寒天气，还能欣赏到冰瀑奇观。

用时参考：4小时。

（二）历溪——远离喧嚣的古村

1. 景点介绍

历溪，千年古村。这座神奇的徽州古村，安静地躺在祁门牯牛降山脚下，被千年古树环绕着，还有那古桥、古祠、古碑、古庙、古戏。无一不散发着原始且古老的魅力。

（1）村口禁赌碑。游览历溪村，从村口舜溪桥开始。这是一座有着600多年历史的古桥，站在桥边远远望去，马头墙映着青山，有着皖南山村特有的古朴情调。在古桥边上的祁西古道上，立有一块石碑，刻着"奉宪示加禁赌博"字样，青石材质，落款为"光绪二十八年历溪约"。

（2）合一堂，又名"五凤楼"，是村中最精致、最雄伟的一栋建筑。在明朝嘉靖年间（1522—1566），村里一位名誉京城的御医王典，因为皇太子治好怪病而得宠，皇帝御赐其一对汉白玉抱鼓石。王典没有忘记家乡和族人，回乡修建了王氏宗祠，主体部分称为合一堂。汉白玉抱鼓石至今仍放置在祠堂大门两侧，弥足珍贵，为全国罕见。合一堂由120根立柱托住整个殿堂，中门的上方高悬圣旨牌匾，昭示着王家最高的荣耀。气势恢宏的祠堂屋顶四面上翘，宛如一只老凤凰带着四只小凤凰凤舞九天，故名五凤楼。

历溪村作为景区开发后，村里的另一栋老建筑御医馆，也有新的用处。据介绍，准备请来老中医，在祠堂里为过往游客会诊，一是凸显御医村的特色，二是为游客提供方便。

（3）目连戏，戏曲史上的活化石。古朴而秀美的历溪，还有一个宝贝是必须说的，那就是中国戏曲史上的活化石——目连戏，村里至今还有着完整的目连戏班和一个古戏台。

目连戏，是一个古老的神怪戏剧种，因搬演“目连救母”的故事而得名。演出时间从两天两夜、三天三夜到七天七夜不等，规模较大。因徽商遍布全国，目连戏也随着徽商的足迹走遍大半个中国，许多地方剧种都移植有目连戏元素。目前只有在历溪等少数村子才能看到目连戏，山里、田野都是演出之所，非常特别。

2.景点信息

景点名称：牯牛降历溪景区。

地址：黄山市祁门县历口镇历溪村。

景点区位：历溪村属今历口镇，在牯牛降山脚下，四周群山环抱，远离尘嚣，距祁门县城55千米，距黄山市屯溪区124千米，距黄山风景区164千米，距黄山屯溪国际机场128千米，距牯牛降景区40千米。

景点资源：牯牛降历溪景区由两个游览区组成：①千年御医村——历溪古村落，主要旅游资源包括古民居、古祠堂、新安御医展览馆、千年古水口等；②历溪大峡谷：登顶游览牯牛降主峰，主要旅游资源包括由溪水、浅滩、深潭、瀑布构成的10千米原始生态大峡谷及奇松、怪石、云瀑、佛光景观。

第七章　婺源——山里书香

婺源县位于江西省东北部（赣、浙、皖三省交界处），至今已有1 200多年的历史，是古徽州六县之一，也是徽州文化的发祥地之一。全县面积约2 947平方千米，辖16个乡（镇）、1个生态工业园区、1个街道办事处，人口约36万人。东邻国家历史文化名城衢州市，西毗瓷都景德镇市，北枕旅游胜地黄山市和国家历史文化名城歙县，南接江南第一仙山——三清山。婺源素有“书乡”“茶乡”之称，是全国著名的文化与生态旅游县，被外界誉为“中国最美的乡村”。

婺源森林覆盖率达82%，现有挂牌保护古树名木6 000余株。同时，中国12大观鸟胜地，婺源县榜上有名。境内有全国最大的鸳鸯栖息地“鸳鸯湖”，有世界濒临绝迹的鸟类“黄喉噪鹛”等。在婺源各村落，随处可见碑刻、石桥、古戏台、马头墙、盆景等徽州特色鲜明的景观。婺源素有“书乡”之誉，这里人杰地灵、名士辈出。自宋至清，全县出进士552人，历代文人著作众多，有172部入选《四库全书》，有7位名人被收录入《辞海》。婺源是南宋著名理学家朱熹和中国铁路之父詹天佑的家乡，这里有过“一门九进士、六部四尚书”的“进士村”“仕宦村”“理学名村”的辉煌。

一、食在婺源

婺源饮食承袭了徽菜的传统，以粉蒸、清蒸和糊菜为特色，主要名菜有粉蒸肉、糊豆腐、清蒸荷包红鱼等，此外还有清明粿、汽糕、糯米子糕等特色小吃，可以让您一饱口福。

(一)婺源汽糕

婺源汽糕是当地特产。婺源汽糕表面鲜香油亮,中间布满了蜂窝状的气孔。加上浓香的佐料,品尝过后,一丝淡淡的醇香留存于舌尖,令人回味无穷。

(二)荷包红鱼

相传明万历年间(1573—1620),婺源沱川人余懋学任南京户部右侍郎时,因巡守有功,神宗皇帝赐御花池内的红鱼作为奖赏。余懋学告老还乡,带回红鱼繁殖成现在的婺源荷包红鱼。婺源荷包红鱼蛋白质含量为21.0%,脂肪含量为2.67%,烹饪多以蒸、炖、焖为主,肉质细嫩,味道鲜美。1985年钓鱼台国宾馆将荷包红鱼列入国宴,受到外国元首称赞。

(三)粉蒸菜

粉蒸菜是婺源人最爱吃的一种菜,无论荤腥或园蔬都用生米粉蒸,如蒸鸡、蒸鱼、蒸肉、蒸猪脚、蒸苋菜、蒸豆角、蒸茄子、蒸芋头、蒸南瓜等,有时还用板栗、芋头、萝卜、冬笋等与猪肉混合蒸,称为蒸杂碎。

(四)糯米子糕

糯米子糕是民间传统食品,人人爱吃,也是待客的佳品,逢春节或有喜事时必备。将糯米浸泡后放在饭甑里蒸,选鸡蛋或鸭蛋及猪肉,猪肉要不肥不瘦,最好是五花肉,加少许盐与熟糯米饭混合,长时间捏合搅拌后,倒入垫放箬叶的搪瓷盆内,于锅内蒸熟、冷却。冷却后切成长条存放,食用时将长条切成片状,再次蒸热即可,放糖吃也行,也可将片切成丁状水煮食用,味道可口,百吃不厌。

(五)清明粿

清明粿是婺源的传统特色小吃,也叫青团子,一般在清明节食用。该小吃形似饺子,也可以做成其他形状。清明粿是用一种叫野艾的野菜水煮后揉入面粉中,和糯米、籼米粉在面盘里搓成面团,把面捏制成小酒杯状,填入馅料,然后捏合成各种形状，最后放在蒸笼上蒸熟。笼盖打开后，先别急着夹来吃，用蒲扇在面上扇几扇，清明粿顿时油光发亮，且不易粘连。馅料由腊肉、猪肠、冬笋和野艾等制成。

（六）灰汁果

婺源农村每年的农历七月十五（俗称“七月半”），家家户户都做灰汁果。所谓“灰汁果”并不是一种从果树上摘下来的水果，而是一种用米粉做成的果子糕点。这种果子制作过程中掺有稻草灰的汁水，故当地人称之为“灰汁果”。吃的时候切成条状，加入辣椒、酸菜、豆芽，也可以用丝瓜等配料炒着吃；也有将米浆做成饼状放在蒸笼里一层一层蒸熟，俗称“千层馃”，吃时用菜刀切成小块，成片状炒着吃。灰汁果因为是用粳米做成的，因此没有黏性，吃起来也很爽口，还有一种草木的清香。

（七）酒糟鱼

酒糟鱼是婺源民间流传已久的传统土特产食品，沿用传统手工制作工艺，以鸳鸯湖中的淡水活鱼为主要原料，配以糯米酒、多种中草药、植物油、辣椒、精盐、香料，精心烹制而成。产品色泽金黄，香而不腥，肉味鲜美，开胃爽口，且久食不腻，冷热均可食，是居家、旅游和馈赠亲友之佳品。

（八）糊豆腐

糊豆腐是婺源一带宴席上的第一道下酒菜，其味鲜美可口。原料主要有嫩豆腐、肉松、虾仁等，一般起锅前会放些碎香菜或葱花，在所有婺源当地的餐馆都能吃到这道菜。糊豆腐味道鲜美清爽，制作过程也较为简单：把豆腐切成豆粒大小，倒进放有高汤的热锅里，加上调料焖几分钟，再浇上熟猪油，放上虾仁、肉丁、香菇丁和笋尖，一边搅拌，一边撒米粉，再放入碎香菜、湿淀粉和猪油，舀到盘里浇上麻油，撒些胡椒粉和葱花即成。

（九）婺源冷水塘鱼

在婺源当地，冷水塘鱼是老百姓平时很难吃到的上等美食，即便到了经济水平有了很大提高的今天，人们也只有到了每年的中秋节前后才能吃上一两条。按照婺源的传统习俗，“塘鱼头，骟鸡尾”（骟鸡，一种经过阉割处理的公鸡）是孝敬父母长辈的最佳补品，也是馈赠亲友的首选礼物。因此，逢年过节，大家都愿意出高价买上冷水塘鱼回家去孝敬父母或馈赠亲戚朋友。

（十）苦槠豆腐

苦槠豆腐由一种名为苦槠树的野生树结的果子——苦槠子，经过几道繁琐的工序加工制成。苦槠豆腐富含淀粉、卵磷脂、黄酮、钙、铁、锌、维生素等成分，有降低胆固醇、延缓脑功能衰退、清凉泻火、减肥等功效。

表7.1　婺源部分特色餐饮小吃店一览

名　称	地　址
东溪饭店	婺源县紫阳镇东溪路与天佑西路交叉口东南侧85米
村里村外大碗菜	婺源县紫阳镇文公北路162号
到家了	婺源县江湾镇汪口村上街
婺源第一楼	婺源县紫阳镇文公北路196号
天天农家风味餐馆	婺源县清华镇清华车站双河大桥旁
梅花饭店	婺源县江湾镇晓起村（村民委员会南侧）
段莘特色蹄胞店	婺源县紫阳镇彩虹南路122号
婺源老洪家	婺源县洪村大门口
婺源农家饭	婺源县清华镇洪村115号
好友来大酒店	婺源县清华镇联信超市隔壁

二、住在婺源

在婺源住宿非常方便，县城及周边乡镇住宿设施最为集中，档次高的酒店和普通客栈都有，选择余地很大，各景点周边的村子也有客栈可以留宿，客栈能让游客感受到更原始的婺源风情。

表7.2　婺源部分星级酒店一览（截至2014年）

名　称	星　级	地　址
婺源国际大酒店	5星	婺源县紫阳镇文博路128号
婺源丛溪庄园	5星	婺源县秋口镇丛溪漂流景区内
婺源婺里天禧温泉酒店	5星	婺源县秋口镇黄源新村201省道旁
婺源格林国际大酒店	4星	婺源县紫阳镇文博路民族风情街内
婺源景悦阳光大酒店	4星	婺源县紫阳镇文公南路2号

续 表

名　称	星　级	地　址
婺源紫阳大酒店	3星	婺源县紫阳镇二环路20号
婺源客馆商务酒店	3星	婺源县紫阳镇文公北路106号
婺源君悦大酒店	3星	婺源县紫阳镇才仕大道与茶乡西路交会处
婺源365主题酒店	2星	婺源县紫阳镇书乡路8号

表7.3　婺源部分民宿客栈一览(截至2014年)

名　称	地　址
婺源李坑舒心客栈	婺源县秋口镇李坑小桥流水人家景区内小溪边,近铜绿坊
婺源明训别院•世德堂	婺源县思口镇思口延村,近彩虹桥
婺源归去来兮乡居	婺源县思口镇延村28号
婺源儒林堂客栈	婺源县思口镇思溪延村景区
尚逸•婺源九思堂度假宅院	婺源县清华镇花园村,距清华镇5千米
婺源望景楼客栈	婺源县秋口镇李坑秋口景区
婺源茶香客楼	婺源县秋口李坑村通济桥头
婺源晓溪客栈	婺源县江湾镇上晓起村10号
婺源小鱼客栈	婺源县紫阳镇茶乡西路73-1

三、畅行婺源

1.航　空

婺源县目前没有机场,但其周边的景德镇、黄山、衢州、南昌等城市都有机场,并且正在建设中的上饶三清山机场也离婺源不远。景德镇罗家机场距婺源县城约80千米,是离婺源最近的机场,航空交通还是比较方便的。

景德镇机场和黄山屯溪国际机场离婺源比较近,因此很多游客会根据航空到达点,选择从这两地去婺源。乘飞机到南昌或衢州后再去婺源会稍远一些,但南昌是省会城市,相对来说航班会更多一些。

2.公　路

婺源汽车站位于景德镇方向进入婺源的进城入口位置,婺源当地叫七里亭,目前主要有发往上海、杭州、合肥、黄山、武汉、上饶、德兴、景德镇、南昌、九江、衢州等地的班车。

婺源处于赣、浙、皖三省通衢之处,公路网比较发达,婺源县境内还有杭瑞高速和德婺高速等经过，从东南西北都可以驾车轻松到达婺源。

3.铁 路

京福高铁经过婺源，乘高铁到婺源非常方便。附近还有景德镇火车站，由景德镇发往婺源的汽车也比较多，两小时左右即可抵达。

四、乐购婺源

婺源以山川秀美、土地肥沃、物产丰富、贤俊众多而闻名。婺源的“四色”特产非常有名，所谓四色是指红、绿、黑、白四种颜色，分别指婺源特有的红色荷包鲤鱼、驰名中外的江西绿茶“婺绿”、丹青垂爱的黑色龙尾砚、个大肉脆雪白的江湾雪梨。

（一）婺源绿茶

婺源是中国绿茶之乡，千百年来，“婺绿”以“颜色碧而天然，口味香而浓郁，水叶清而润厚”的特点著称于世。早在唐代，婺源就已成为“绿丛遍山野，户户飘茶香”的著名茶区，从18世纪开始其茶叶就已进入国际市场。“婺源茗眉”是婺源绿茶中的上品，外形弯曲似眉，翠绿紧结，银毫披露，其味鲜爽甘醇。

（二）清华婺酒

清华婺酒采用优质大米和山泉水为原料，以大曲为糖化发酵剂，用淡竹叶、当归、砂仁、檀香等12种名贵中药浸汁，精心加工而成。清华婺酒有益气之功效，常服少饮，有益身体健康。

（三）晓起皇菊

晓起皇菊生长于一个风景极美的古村落——上晓起村。该村是“中华茶文化第一村”，村庄周围生长着茂密的森林和许多千年古樟树，竹林深处的徽派建筑和古茶园若隐若现。晓起皇菊的药性比其他菊花略弱，但从菊花茶作用与功效来说，此菊更适合饮用和食用。它性味甘，不仅有清热祛风、明目解毒的功效，还能发挥良好的消炎作用，增强人的体质，延年益寿。

（四）龙尾砚

龙尾砚享有“砚国明珠”“石冠群山”等盛誉，为中国四大名砚之一，因婺源古隶属歙州，故又称“歙砚”。龙尾砚自唐代问世后，旧时历朝都被定为贡品，欧阳修、苏轼、黄庭坚等历代名人都曾为龙尾砚撰文、写诗、填词、赋歌、记铭。香港商报评龙尾砚“具有敦煌壁画传统，有六朝造象韵味”。龙尾砚多次被选为外交礼品。

（五）江湾雪梨

婺源“四色”之一——白：江湾雪梨，因产于江湾，且果白如雪而得名。据史料记载，明代婺源人从歙县引进梨苗，与当地野生棠梨嫁接而生。品种有“六月雪”“西降坞”“白梨”“苏梨”等多种。江湾雪梨不仅体大肉厚，皮薄核小，而且松脆香甜，汁多味美，属果中珍品。江湾雪梨果重一般为300～400克，最大重达800克，果实呈阔瓢形，果皮绿色，套袋后呈白色，富含多种氨基酸、维生素及矿物质，色香味形俱佳，并具有明显的生津、止咳、滋阴润肺、退热消喘等医疗保健功效。

（六）甲路纸伞

婺源县甲路乡甲路村有悠久的制伞历史，所产油纸伞久负盛名，素有“金溪斗笠甲路伞”之说。纸伞伞面画有精美的花鸟、仕女、风景等图案，以优质木竹、皮纸、桐油、柿树油为原料制作而成，不仅晴雨相宜、经久耐用，而且美观轻便、古朴别致，有较高的欣赏价值，素为女士青睐。特别是在雨中，持伞漫步，倾听雨滴击打油纸伞面发出的声音，可感受到古人所吟“留得残荷听雨声”之妙。1936年，“甲路纸伞”被选为国际博览会展品。1943年，全县产伞量高达25万把，出口外销17万把。

五、玩转婺源

（一）婺源一日游

东线：江岭—汪口—李坑—月亮湾。

北线：思溪—延村—彩虹桥—大鄣山卧龙谷—严田。

（二）婺源清华二日游

第一天：中午前后到达婺源县城，下午游览思溪延村、清华彩虹桥，夜宿清华。

第二天：白天游江岭、江湾、汪口、李坑、月亮湾，傍晚返程。

（三）民俗风情娱乐

1. 婺源蓝氏苗家乌饭节

时间：四月初八。地点：江西婺源。

主要内容：各家各户都用谷垫密封家门，举家围坐在堂屋内烹煮七色“乌饭”，外人不可擅入偷窥。蓝氏苗家乌饭，豆米相掺，富含淀粉、蛋白质和维生素等，可作食品，亦具药效。

2. 元宵节夜舞板龙灯

时间：元宵之夜。地点：江西婺源。

主要内容：用竹骨彩纸扎成龙头、龙尾，龙身由各户自扎。各节花灯内点蜡烛，每节板上两盏花灯，长达2米。一条龙灯由上百节板灯连接而成，元宵之夜穿行于村镇小道，如巨龙游走。

3. 中秋佳节堆宝塔

时间：中秋节。地点：江西婺源。

主要内容：这一天，孩子们用砖瓦堆成七层宝塔，前面挂起彩色帐幔，塔前放一张小桌，桌上放置供月神用的果品和饼饵等物。到了晚上，孩子们在塔内外点起灯烛，围坐塔前嬉戏，常常直到夜深才散。

4. 中国乡村文化旅游节

时间：11月。地点：江西婺源。

主要内容：旅游节将举办中国古村落保护国际研讨会、百强旅行社最美乡村行、“美在婺源”摄影作品展、婺源绿茶品茗会以及旅游项目推介会等活动，以弘扬婺源乡村文化。

六、游遍婺源

初春的婺源被各种色彩包围着，青山绿水，处处倒影。红黄绿、黑白青、棕褐加土灰，在蓝天白云下组成了一幅幅如画的田园风光。此情此景需要的是静静地、慢慢地去咀嚼、去回味、去享受。婺源旅游有东线、北线和西线三条线路：婺源东线“水墨黛色梦婺源”，主要景点有汪口、李坑、江岭、庆源；婺源北线“田园山水风光美”，主要景点有思溪延村、彩虹桥、沱川理坑、灵岩洞和大鄣山；婺源西线“山光水色美如画”，景点有赋春鸳鸯湖。

（一）汪口——昔日草鞋码头

1. 景点介绍

汪口古村落，由宋朝议大夫（正三品）俞杲于大观年间（1107—1110）始建，距今已有1 100余年历史。因村前碧水汪汪，故名“汪口”。始迁者期望后裔如水绵长，取《诗·周南·汉广》“江之永矣”意，又名“永川”。第三批中国历史文化名村之一。

古村落处于丘陵地带，村周青山环抱、绿水依流。有诗云：“鸟语鸡鸣传境外，水光山色入阁中”，景色宜人。汪口自宋以来，文风鼎盛，人才辈出。其中有进士5人，举人2人，大夫7人，七品以上文武官员36人，学士10人，著作33卷，故有“书乡”之称。

汪口位于婺源县东北，和篁岭、李坑等一样都在婺源东线上，也是婺源风景区通票中的景点之一。与李坑的小桥流水景色不同，汪口在一条大河的一侧，这边是古朴的徽派古村落，对面是起伏的向山。村子不大，慢慢走完大概只要一两个小时。村口有两棵大樟树和水碓、观景台，往里走就是一条沿着河的古道。汪口几个主要的看点都在路边。从一头走到另一头，基本就能把汪口看个遍了。除了古朴典雅的一经堂、懋德堂、大夫第和养源书屋等古建筑，汪口最不容错过的莫过于东关大桥附近的俞氏宗祠。俞氏宗祠是清代建筑，以木雕闻名，占地面积1 000多平方米，建筑为清代中轴歇山式，气势雄伟，布局严谨，工艺精湛，风格独特，已有上百年历史，建筑内部凡是木质构件都精雕细琢，非常华美，被古建筑专家誉为“艺术宝库”。

2.游客点赞

“仰着脖子细细欣赏俞氏宗祠内的木质构件，精雕细琢的繁复花纹令人惊叹。走上向山俯瞰对面的汪口，河流环绕中的古村落好像一幅水墨画。”

3.景点信息

地址：上饶市婺源县江湾镇汪口村。

交通：在婺源老北站乘坐到汪口的班车（大概20分钟一班），在汪口村下车，步行5分钟即到。

用时参考：1～2小时。

（二）李坑——小桥流水人家

1.景点介绍

李坑是一个以李姓聚居为主的古村落，距婺源县城12千米。李坑的建筑风格独特，是清一色的徽派民居建筑，给人一种安静、祥和的感觉。李坑自古文风鼎盛、人才辈出。自宋至清，仕官富贾达百人，村里的文人留下传世著作达29部，南宋年间出了一位武状元，名叫李知诚。

村落群山环抱，山清水秀，风光旖旎。村中明清古建遍布，民居宅院沿溪而建，依山而立，粉墙黛瓦、参差错落；村内街巷溪水贯通，九曲十弯；青石板道纵横交错，石、木、砖各种溪桥数十座沟通两岸，更有两涧清流、柳碣飞琼、双桥叠锁、焦泉浸月、道院钟鸣、仙桥毓秀等景点在其中，构筑了一幅小桥流水人家的美丽画卷，是婺源精品线上的一颗明珠。李坑村内有许多景点：

（1）水口：婺源人把村口称为“水口”，原因是这里的村落全是依山傍水而建，水从这里流出村子。水口是婺源村落建设的一个重要组成部分，人们修筑水口碣拦截财气，培植水口林，有的还建起水口桥以锁住灵气。古时候，水口往往成为一个村庄的标志，村中有人出远门，家人必送至水口，千叮万嘱，挥泪洒别；在外多年的游子重返家乡，走着走着，一望见水口，便会激动不已，感到分外亲切。

(2)大夫第：建于清朝咸丰年间(1851—1861)，是五品奉直大夫李文进的官邸。李文进的大夫官衔并不是通过科举考试取得的，他本是个在广东经营茶叶的富商，太平军起事后，清朝政府的正规军根本没有作战能力，完全靠曾国藩的湘军，国库又没有大量的钱财做军饷，当时的徽州同知鼓励商人捐钱作军饷，捐得多就封官，李文进的官衔就是那时候捐来的。

(3)申明亭：建于明朝末年。关于亭子的功能，史书上记载得非常详细：如果村中有人为非作歹，就把他的恶行书写出来，张贴在亭子中，以达到惩戒的效果。古时候村中的建设和管理主要由宗祠负责。李坑过去的村规民约颇多，村民一般都能自觉遵守，但地方大，人口多，难免有争议，家庭有纠纷，遇到这种情况，宗祠就鸣锣在申明亭聚众，村人均可参加评议，对谁是谁非进行公断，排解纠纷，批评和惩办违反村规民约的人。

(4)通济桥：这是李坑过去"十二景"之一的"两涧流清"。其中一条溪流前方有两个小石墩，一条是公龙，石墩为龙角；另一条没有石墩的是母龙，两龙在此桥处汇为一条溪流，构成"双龙戏珠"的美好寓意。相传依古时候风水，村中两水相激本来不利，但这里用通济桥锁住，用申明亭镇住，也就化解了。通济桥跨度约5米，始建年代已难以查考，不过最后一次维修是在250多年前，这是一座历史悠久的古石拱桥。

(5)铜绿坊：建于清代中叶，主人李聘如是在安徽芜湖经营铜绿生意起家的，因此村人称他的故居为"铜绿坊"。铜绿坊仿官厅建筑风格，在大门后另外设置了一座仪门，当地称"中堂门"，平时中堂门关闭不开，常人一般从两侧出入，如有达官贵人光临，则打开中堂门迎接。古代制取铜绿的方法很特别：用糯米饭裹在铜上，时间一长，饭霉烂，剥下来，铜的表面上就生成铜绿，然后刮下来再加入一些其他的化学元素制成。

(6)月亮湾：位于紫阳镇往东700米处，是去往李坑途中的一个小景点，因江河中有一个长长弯弯的小岛如一弯眉月而得名。春暖花开之际，从远处眺望这个小岛，可见一湾春水碧绿，金黄的油菜花遍野盛开，江南小竹排于河边摇晃，两岸倒影在水中轻漾，美得内敛、沉静，如江南小家女子，安隅于婺源。

2.景点信息

地址：上饶市婺源县秋口镇李坑村。

交通:乘坐婺源长途汽车站始发的旅游公交专线前往。

用时参考:2小时。

特别提示:婺源另有一个景点叫“理坑”,和李坑不是同一个地方。

(三)江岭——中国四大花海之一

1.景点介绍

江岭位于婺源县东北部,距县城45千米,总面积38平方千米。每当春暖花开时,置身于江岭万亩梯田中,黄灿灿的油菜花与远山、近水、粉墙、黛瓦相映成趣,构成一幅天人合一的画卷,在这里您可以尽情释放压力,让心灵自由飞翔。

这里是婺源田园风光的代表。从江岭开始,公路始终在山间盘旋。从江岭向下看,只见层层梯田,山谷盆地中的小河,傍河的三两个村庄,四周围绕的青山,构成了一幅极美的婺源农村风光画卷。春天时山脚下的油菜花海里立着许多造型有趣的稻草人,许多游客在山脚下就不亦乐乎地玩起来了,然而看最美的风景不在山脚,而在山顶的观景台。公路在江岭的山间盘旋,等到了山顶向下望去,漫山遍野的油菜花层层叠叠,一望无际,从山顶铺散到山谷下,谷底的河水绕着青山,优美而壮观。

2.名人点赞

香港著名的摄影家陈复礼赞誉江岭为“中国最美的乡村”。

3.景点信息

地址:上饶市婺源县东北721县道边。

交通:①外部交通。在婺源汽车北站乘坐至江岭的班车,到江岭山脚的游客中心。②内部交通。在江岭山脚可乘坐中转车上山顶观景台。

用时参考:4小时。

(四)庆源——摄影者的天堂

1.景点介绍

庆源,又名小桃源,一条宽约10米的小溪穿村而过,把庆源古村分为东、西两岸,溪中建有7处石碣,27座石桥、木桥将两岸连为一体,溪旁形成二里长的青石街面并间有10余处凉亭。

庆源是一个有着1 300多年历史的古村落,地形结构极为奇特,狭长的山谷两侧，海拔600米以上的两条山脉相峙，自古以来戎马绝迹，地势险要，是始祖几经选择的避乱胜地。这里山高气清，土肥雾重，空气清新不染纤尘，泉水清澈，富含灵气。每当菜花、梨花和桃花盛开之际，庆源人家笼罩在一派“金山、银海、胭脂云”的景象之中。

庆源村口“别有天”古亭内现仍留有古人绝句：“空山隐卧好烟霞，水不通舟陆不车；一任中原戎马乱，桃源深处是吾家。”原古亭大门口两侧有联为“车马绝喧阗忆前人三径怡情托迹不殊陶靖节，鸡犬声相闻惟此地四民安堵落花犹似武陵源”，横批为“桃源深处”，说庆源古村是小桃源，亦源于此。

2.游客点赞

“庆源大有‘人间四月芳菲尽，山寺桃花始盛开，长恨春归无觅处，不知转入此中来’的味道。”

3.景点信息

地址：上饶市婺源县段莘乡。

交通：每天有班车从县城北站发车，途经李坑、汪口、江湾、晓起、江岭、高山平湖、庆源路口、段莘乡，终点是官坑，到达后从官坑返回。

用时参考：2～4小时。

（五）思溪延村——儒商第一村

1.景点介绍

思溪延村位于婺源县思口镇境内，距县城紫阳镇13千米左右。始建于南宋庆元五年（1199），至今已有800余年的历史。当时建村者俞氏（鱼）因思念清溪水而命名。几百年前村里许多人前往江西、浙江、上海乃至湖南、广西等地经商，主要从事木材、茶叶、盐业等商业活动。经商致富的人多携资归故里买田置房、兴建书院，建造了大批宅第、楼阁、祠堂等。

整个村落以明清古建筑为主，村落内以青石板铺地，古建筑群背靠青山，面临清溪和稻田，四周都是绿地，村庄与秀水青山的优美自然风光融为一体。村落现有古民居156幢，其中明代建筑5幢，清代建筑80余幢，现存古建筑占地面积约为16 000平方米。古民居大多粉墙黛瓦，整体色彩效果黑白相间，给人朴素淡雅的美感。从远处看这些古民居，在外观上是大面积空白的一片粉墙，粉墙上嵌有几个高低有序的小小洞窗，形成整体与局部、面与点的对比效果，体现出“道法自然”

的蕴意。里外墙着重采用了马头墙、山墙的建筑造型，尤其是马头墙屋檐角飞翘，在蔚蓝的天际中勾画出民居墙头与天空的轮廓线，增加了空间的层次韵律美。思溪延村的主要景点有：

（1）聪听堂：是延村著名的书香门第，为徽商金嘉藻的祖先于乾隆年间所建，至今仍显得古色古香。金嘉藻育有十子，所以有“金氏十家”的称谓。“金氏十家”不但人丁兴旺，而且个个是读书郎，亦儒亦官亦商，交往的多有儒学大家。至今屋中仍保存有清乾隆年“桐城派”首领、著名儒学大师姚鼐的墨迹匾额。两进三开间，入口有前院，前院右边是院门，左边是柴门。正中是“聪听堂”的大门，水磨清砖门面，门罩翘角飞檐，门头上的砖雕十分讲究。

（2）明训堂：这座三连幢的古宅，可以说是延村的“乔家大院”。其主人金永俅也是最具代表性的延村徽商。在广州，金永俅有个同乡好友，是中国著名的铁路工程师詹天佑的祖父詹世鸾。金永俅同他一道，通过广州“十三行”，直接和外国人做起了生意，使得一些外国人每天捧起的不再是咖啡，而是一杯香喷喷的婺源绿茶。

（3）馀庆堂：建于清代乾隆年间（1736—1795），房屋老主人金文谏是个大茶商。在封建社会，商人富而不贵，“士农工商”，商人地位最低，所以其住宅不能建得像官邸王府那样宏大和豪华，大门不能朝正南开。馀庆堂的整个门面，是个“商”字：门罩、门楼组成“商”字的上部，青石门框是个“口”字，门枋外砌筑青砖，形成“门”字。

2.游客点赞

“思溪延村面积不大，却是一个有文化的村落，这里的木雕在婺源景区里是最具特色的，而且这里的油菜花和周围的建筑映衬得相当完美，还有它的那条小溪，也是令人称赞的。”

3.景点信息

地址：上饶市婺源县思溪延村。

交通：有从县城至延村的循环班车。

（六）彩虹桥——廊桥遗梦

1.景点介绍

婺源有一种颇有特色的桥——廊桥。所谓廊桥，就是一种带顶的桥，这种桥不仅造型优美，最关键的是它可在雨天里供行人避雨、歇息。廊桥桥长140米，桥面宽3米多，4墩5孔，由11座廊亭组成，廊亭中有石桌石凳，这种桥也被称为彩虹桥。彩虹桥周围景色优美，青山如黛，碧水澄清，坐在这里稍作休憩，欣赏四周风光，会让人深深体会到婺源之美。

彩虹桥建在最宽的河面上，桥墩是特别的半船形，前面锋锐，后面平整，有分解洪水冲击力的作用。八百多年来，彩虹桥几乎没有遭遇过特别大的损坏。如今游人看到的彩虹桥虽经过多次修缮，但依然有几分古意，造型也十分优美。桥中有石桌、石凳，游人可坐在桥上休憩，纵览四周风光。不过更多的人会选择在岸上远观廊桥全貌，配合着旁边的村子、桥下的小溪，以及水中的竹排，拍下廊桥和水中的倒影，非常上镜。桥上的阁亭上面有一匾额，写着“长虹卧波”四个大字，下面的神龛内供奉着建造此桥、重修此桥的先人，以及上古治水的大禹。旁边的导览可让你了解彩虹桥的历史及其特别之处。

2.游客点赞

“古徽州最古老、最长的廊桥，婺源的标志性建筑之一。”

“在岸边远观彩虹桥和水中的倒影，配合周边景色，非常上镜。”

“踩着水上的石墩过河，在水中央看廊桥全景，很有意思。”

3.景点信息

地址：上饶市婺源县清华镇内。

交通：婺源县城每天会有班车发往清华镇，在彩虹桥附近下车后步行一会儿即到。

用时参考：1小时。

（七）沱川理坑——山中邹鲁

1.景点介绍

理坑，原名“理源”，是中国历史古名村之一，位于上饶市婺源县沱川乡。理坑与李坑是两个不同的地方，但都是美到让人惊叹的景点。

理坑建村于北宋末年，它虽偏居山村一隅，但村民们却好读成风，崇尚“读朱子之节，服朱子之教，秉朱子之礼”，被文人学者赞为“理学渊源”。这个村庄在历史上出了不少名仕，直到今天村中还保留着明代工部尚书余懋学的“尚书第”、吏部尚书余懋衡的“天官上卿第”、兵部主事余维枢的“司马第”、广州知府余自怡的

“驾睦堂”等多处官宅。村口处有一座“理源桥”，桥上刻有“山中邹鲁”“理学渊源”字样。

理坑位于婺源县东北面的山旮旯里面，一条小路弯弯曲曲载着当地乡亲和外地游客进出。整个村落最精致的就是那条山溪、沿河的粉墙黛瓦和马头墙的建筑群了。山溪在当地称为“坑”，这也是理坑之“坑”的来历，而“理”字则是指“理源”之“理”，顾名思义，理学渊源之地，素有“山中邹鲁”之美誉。山溪自东北向西南流动，水清澈而具有活力，水流的速度较快。为了弥补这种缺憾，当地人于是作了一定“手脚”来“补拙”：在村口水去的地方，建了一座桥，在水口和村落中间的河床上布了一些木条和石碣，以此减缓水流的速度，从而达到水流“含情脉脉，一步三回头”的纳气效果。

2.游客点赞

“比起婺源的热门景点，理坑没有那么商业化，但自有一份野趣。”

3.景点信息

地址：上饶市婺源县沱川乡理坑村。

交通：①从婺源县乘班车到沱川后，再徒步1千米左右就是理坑村。②从婺源县乘车到清华镇，再从清华转乘到沱川的车，或者从清华直接包车去理坑。

用时参考：2小时。

（八）灵岩洞——华夏第一洞天

1.景点介绍

灵岩洞是一个集自然与人文景观为一体的风景名胜区。灵岩洞国家森林公园主要分为灵岩洞群景区、石城名木古树林景区、生态茶园景区。灵岩洞景区是国家AAAA级旅游景区。

灵岩洞群由36个溶洞组成，目前已开发且对游人开放的只有其中两个：涵虚洞和莲华洞。相比之下，涵虚洞更为好看，也是游玩的重点。和大部分沉积而成的以钟乳石、石笋为主的溶洞不同，涵虚洞内是流水冲击石灰岩形成的石芽、石林景观。此外，洞内还有岳飞、宗泽等名人的题墨。景区周边一些古村落、名树古木也值得一看。

要进洞先要顺小径上山，按指示牌前行，走过一小片石林，往左便可到涵虚洞入口。涵虚洞分为七层，立体感很强，入口位于第六层。游览完六、七两层后，再逐层步行往下游览，最后到达底层的地下河，坐皮艇出洞。

一进涵虚洞就能感受到凉爽，尤其是夏天，洞内常年18度的气温如同天然空调。光怪陆离的石头配上各色灯光显得很奇幻。洞内的奇石很多，景区也根据它们的造型赋予其意义和故事。进入洞内有导游统一带路讲解，无需另外付费。

洞中第五层的“菩提古树”是洞内最有代表性的景观，生得像一棵需要多人合抱的菩提树，也是整个涵虚洞的顶梁柱。前方不远的“宗泽遗墨”是岳飞的老师宗泽当年游览灵岩洞时所题，是灵岩洞引以为傲的景观之一。四、五层中间，则是一副天崩地塌的景象，四周是陡峭的岩壁，下方是坠落的巨石，好似岩体崩塌形成的，场面壮观。

下面几层的景致显得更为细腻，“金山银山”的同池水却有金银两色，水中闪闪发光的矿物质沉积，以及“金山银山”这个诱人的名字，让人印象深刻。开阔层叠的“仙人田”好像浑然天成的梯田，其中一处水滴一圈一圈沉积成花瓣一样的形状，极像一朵硕大的牡丹在田中绽放，大概是洞内最唯美的石景。前方洞顶壁上生出莲花状的石芽，不仅外形优美，而且因倒着生长而十分罕见。

一路往下，走到最下层的地下河就能乘皮艇出洞了。泛舟河上，慢慢欣赏四周的岩壁，好像在经历一场探险。由涵虚洞出来，需要再往上走一段山路才能到达莲华洞。由于比较远，景色和涵虚洞有些重复，因此游人较少。莲华洞里最出名的景观是“老君炼丹”。景区山脚下的石城村口有一片古树林，有枫、银杏、香榧、红豆杉、楠木、槐树等，有的树龄已达千年，人们可以在此逛古村，看古树。周边有小店可以解决吃住问题。

2.游客点赞

“灵岩洞在婺源景区也是一个比较特别的景点，因为它是以洞穴的景观命名的，但其实它的最精华之处在于它的森林资源，尤其是那些古树，上千年的历史，见证了整个村庄的发展历程。”

3.景点信息

地址：上饶市婺源县古坦村西侧。

交通：从婺源客运站乘班车至灵岩洞景区。

用时参考：1～2小时。

（九）大鄣山——婺源之源

1.景点介绍

（1）大鄣山：亦称“三天子鄣”，这里是“吴楚分源”的屋脊，是鄱阳湖水系乐安江与钱塘江水系新安江的分水岭，群山环抱，山峰林立，森林覆盖率高达90.7%。大鄣山上云蒸雾腾，人行其间，犹如腾云驾雾入仙境。山中林木苍翠，奇石峥嵘，石涧纵横，壮观的瀑布如银河泻地。“飞瀑”“日出”“云海”乃山中绝景。主峰擂鼓尖海拔1 629.8米，巍峨雄伟，俯瞰平川，是县内最高的山峰。它形如利剑直插云霄，终年云遮雾罩，生态环境纯净天然，乃是“婺绿”名茶的重点产地。

（2）卧龙谷：峡谷异常深幽，两岸是陡峭的山崖、石壁。随峡谷蜿蜒伸入，形成层层飞瀑。谷内溪水汹涌，轰鸣震谷。奔泻的清泉穿行于硕大的花岗岩石之间，历经千万年冲蚀，形成众多深潭、彩池，掩藏于原始次森林之中。谷内瀑布密布，国内第二高瀑从193米处凌空倒挂，雄奇险秀，宛如仙境。走进卧龙谷，看到最多的是水的身影，听到最多的是水的声音。经地质学家探明，这是亿万年前，因火山喷发而形成的稀有的自然奇观。关于“卧龙谷”的得名有一个传说：许多年前，一条龙从峡谷越过，由于这里太美了，便留在潭中。经旅游专家考证，卧龙谷的景观价值在同类景区中极其罕见，可称为“江南第一奇谷”，又被称为婺源的“小九寨”。

2.名人点赞

明代徽州顺天府通判汪循《登大鄣山》诗云：“清风岭上豁双眸，擂鼓峰前数九州。蟠踞徽饶三百里，平分吴楚两源头。白云有脚乾坤合，远水无波日月浮。谁识本来真面目，乍晴乍雨几时休？”

3.景点信息

地址：上饶市婺源县大鄣山乡。

交通：①可从婺源县城汽车北站乘坐至卧龙谷景区的直达班车，下午有车从景区返回婺源。②也可以在北站先乘坐至清华的班车到清华，再换乘出租车或摩的到达景区，且从清华返回县城的车次也比较多，每20分钟就有一趟返回县城。

用时参考：2小时。

（十）赋春鸳鸯湖——卿卿我我

1.景点介绍

（1）鸳鸯湖：这里是野生鸳鸯的越冬栖息地，又因为鸳鸯本身的爱情寓意，景区内也建起了爱情长廊之类的人造景观来烘托浪漫氛围。不过，相比之下依然是自然景观更加夺人眼球，适合观鸟拍照。

景区面积不算大，走走逛逛很惬意。进入景区大门便是一条四五百米长的水泥道，走到头便能看到鸳鸯湖的水面。秋冬季节，能看到成对的鸳鸯在湖中嬉戏，一些摄影爱好者会带着专业设备来拍鸟。若在其他季节前来，也能看到一些景区内人工养殖的鸳鸯。

（2）月老祠：祠中有一把巨大的铜锁，有人称它为“同心锁”，也有人称它为“婚缘锁”，还有人称它为“平安锁”。情侣锁一把平安锁，以祈求百年好合；单身的朋友锁一把婚缘锁，以希望在不久的将来能找到和自己共享幸福的另一半。年轻的情侣来到鸳鸯湖，一定要到这座月老祠来拜一拜，许下生死相随的挚愿，更多的是会在这里锁上一把锁，和自己心爱的人刻上心语心愿。锁上锁后，把钥匙投入用花岗岩砌成的水井中，人们称此井为鸳鸯池。

（3）鸳鸯长廊：这一自然景观不仅吸引了国内各类科研机构及鸟类专家前来考察，而且连美国、日本、巴西等海外游客也纷纷慕名前来，称鸳鸯长廊是一个“静谧的绿色世界”，是一块“超尘净土”。

2.游客点赞

“一段非常美的路途，老天好像开眼了，给了一段时间放晴，于是美景尽收眼底，颇有些世外高人腾云驾雾的感觉，这种体验不容错过。”

3.景点信息

地址：上饶市婺源县赋春镇。

交通：从婺源县城出发，途经省道景白线到鸳鸯湖，或从景德镇市出发，途经省道景白线到鸳鸯湖。

用时参考：2小时。

（十一）文公山——朱子文化园

1.景点介绍

（1）文公山：位于婺源县西部，距县城仅27千米，主峰海拔315米，森林覆盖率达99%，大气环境质量远远优于国家一级标准。山上松、杉、栗、栲、楠、枫等树种繁多，十万亩天然阔叶林遮天蔽日、浩瀚无垠，森林里的树木释放出来的“芬多精”，人体吸入后可降低血压，杀灭结核、霍乱、赤痢、伤寒、白喉等病原体。文公山是享受“森林浴”的绝佳胜地，是国家AAAA级旅游景区。文公山上的千年古道绵延不断、曲径通幽，是一条文化积淀丰富的修身养性之路。青山、凉亭、碑廊、楼阁、古树、古道的和谐组合，构筑了文公山绝美景色和养生奇境。

（2）文公湖：景区坐落在中云镇晓林村，湖面正常水位面积约800亩，水库集雨面积3.8平方千米。因处在朱熹故里文公山西麓山脚边，故称文公湖。

文公湖储水约417万立方米，水质清澈、湖光涟漪，三面群山环抱，湖中有小岛；湖畔建有别致的休闲木屋、绿色餐馆、音乐茶座，还备有竹筏、游船供客人悠游垂钓；烧烤场地可供游客自由烹饪，尽享野炊之乐。自然风光秀丽，绿色葱茏，湖边水鸭、山鸡，林中飞禽走兽和湖中鱼儿构成了一幅和谐的生态画卷，优美的生态环境吸引了许多游客。

（3）积庆亭：“积庆亭”是一间徽式山亭，与婺源其他山亭一样，其功用是供过往行旅遮风避雨小憩，却因承载着朱子“流荫先灵”“积庆后昆”的思想，尤其引人注目与回味。

（4）千年古道：文公山九峰散列叠起，像婺源大地上绽放的一朵巨大的芙蓉，构成了一片超尘净域，透着一种宁静、安详、古典、深邃的意境。山峦、古木、翠竹、静湖，荡起满目的绿，如梦幻般在文公山流淌。

一条宋朝时就连接婺源与饶州的驿道，隐没在文公山的密林深处，记录着过往的履痕，收藏着百年千年的足音。文公山的古道是婺源一段历史的旅途，透着石头与森林交合的气息，成了先人为我们引路的地方。

（5）朱熹纪念馆：朱熹纪念馆坐落在文公山朱子文化园内，占地面积300平方米。纪念馆设有三个展室，第一展室主要介绍朱熹的生平、著作及影响；第二展室陈列及介绍了朱熹两次回故乡留下的遗迹与传说；第三展室则介绍了朱熹的理学思想和他的爱国精神、农本思想等。婺源是宋代理学大家朱熹的故乡，朱熹纪念馆的建成，将对弘扬朱子文化起到积极的作用。

(6)朱熹祖墓：文公山得名于理学大师朱熹，朱熹即朱文公。文公山上有朱熹祖母的坟，朱熹的曾祖父曾让当时有名的风水师观象，风水师发现文公山正好处在龙首上，而当时正好有一条驿道沿山而过，所以也有人说是龙脉。后来朱熹的祖母葬在了山上，有人说朱家后代必出“大人”，果然就有个朱熹。在山腰部位，当地相传有一种叫文公帽的东西，其实是一种矿石，像白糖一样大小的颗粒，常常有人拣了碾碎泡茶喝，有保健功效。

2.游客点赞

“在婺源游览，不仅可以看到满眼的油菜花，可以欣赏徽派建筑，还可以欣赏这里优美的绿色植被，比如文公山的植被就相当不错。婺源是朱熹的家乡，文公山上就有他家的祖坟，他曾经亲手种下的那些树，郁郁葱葱地生长着，守护着他家的灵气。”

3.景点信息

地址：上饶市婺源县南部，东距县城29千米。

交通：可从婺源县坐车到晓林，然后转车到文公山山脚。

用时参考：2～3小时。

第八章 休宁——状元之乡

休宁县，隶属于安徽省黄山市，位于安徽省最南端，与浙、赣两省交界，属古徽州一府六县之一，北倚黄山山脉，西邻五龙山脉，南接怀玉大鄣，东有白际天目之险，是一个典型的“八山半水半分田，一分道路和庄园”的山区县。全县总面积2 135平方千米，辖10镇11乡153个行政村，可以说是“交通枢纽重地、徽州文化宝地、休闲养生胜地、特色农业基地、宜居宜业福地”。

齐云山，东距县城15千米，宫、观、道院、摩崖石刻、碑刻甚多，为全国四大道教名山之一。齐云山景区是国家森林公园、国家级风景名胜区。古镇万安为省级历史文化保护区。三槐堂、汪由敦墓石刻、黄村进士第、戴震墓为省级重点文物保护单位。古城岩坐落在休宁县万安镇东侧，以众多的古迹遗址、悠久的历史传承和寿山旭日的奇特景观而闻名于世。

一、食在休宁

休宁是中国休闲养生之都，境内不仅风景优美、生态绝佳，更有让人赞不绝口的各类美食。

(一)清蒸石鸡

石鸡是栖息在山涧石缝中的一种蛙类动物，尤以休宁县大阜村一带所产最为著名。黄山石鸡每只重五两左右，腹乳白，背黑有条纹，肉质细嫩，含有丰富的蛋白质、钙等营养成分，并且具有清火、明目、滋补身体的功能，是山珍上品。

(二)秤管糖

秤管糖是一种有特色的饴麻制品，其形状像一根根切断了的大秤管，故称之为“秤管糖”。秤管糖用饴糖裹着白芝麻或黑芝麻，里面有一个白色的糖心，糖心是白糖拌以芝麻粉、米粉做成的。如将其搓捏得更细即成“一品香”，其特点是松脆、不黏牙，甜香适口，老少皆宜。

（三）“杜”字虾米豆腐干

“杜”字虾米豆腐干是休宁风味小吃。杜家豆腐店的虾米豆腐干，以用料独特、制作精细、配方讲究、色香味俱佳而著称。制成的虾米豆腐干呈淡褐色，光洁细腻，香味浓郁，鲜美可口，有韧性，折叠不开裂，压榨紧结，刀劈不散碎，可切成细丝或薄片，撕开可见细密纹理，内有虾米一只，既可佐酒下茶，又可作菜肴的配料，当作零吃小食也别有风味。

（四）临溪月饼

明清时代，月饼已成为中国各地的中秋美食。休宁县东部的千年古镇临溪镇自古就有制作月饼的传统，馅料丰富，有火腿月饼、麻仁月饼、豆沙月饼等。临溪月饼甜香、醇和、口味醇厚、酥绵爽口、甜香不腻，入口后令人回味无穷。

（五）皖花火腿

皖花火腿产于休宁县，可与浙江金华、云南宣威火腿媲美。其原料是皖南花猪，此猪个体偏小，肉质好，腌火腿色鲜、味美、香脆。休宁县腌制火腿已有千年历史。

（六）大阜瀛石鸡

大阜瀛石鸡产于休宁县流口镇大阜瀛村一带深涧峡谷之间，属蛙类，为两栖动物。因肉味鲜美，好似鸡肉，被当地人称为“石鸡”。大阜瀛石鸡不仅肉细嫩、鲜美，而且营养丰富，含有较高的蛋白质，并有清火、明目的功能，夏天吃石鸡能防暑、解热，甚至不长痱子。用石鸡做菜，最好是连皮一起烧，因为皮的营养价值很高，品尝起来也别有一番风味。

(七)板桥冷水鱼

板桥乡盛产的休宁特产“板桥冷水鱼”是新安江源头山涧泉水中生长的名贵淡水鱼，生活在海拔300～800米的低温流水环境中，以野生天然植物为食，按传统自然方式养殖。鱼体色乌黑显乳白色光晕，鱼肉劲道十足。

表8.1　休宁部分特色餐饮小吃店一览

名　称	地　址
黄山枫林农家乐	休宁县蓝田镇儒村103省道去往宏村岔路口(靠近双岭隧道)
状元故里大酒店	休宁县齐云山西大道171号
海阳壹号	休宁县屯溪西高速口正对面
陈家饭店	休宁县齐云山大道梅林后村10号
丁复先饭店	休宁县齐云山景区月华街太素宫旁
齐道徽菜	休宁县齐云山景区停车场东侧
新宁土菜馆	休宁县海阳镇新宁广场93号店面
涌泉餐厅	休宁县齐云山景区月华街16号
齐云山小壶天饭店	休宁县齐云山景区月华街28号
山里人土菜	休宁县齐云山西大道118号
徽源渔家乐	休宁县板桥乡徐源村

二、住在休宁

休宁县旅游资源丰富，自然风光优美，人文历史悠久，具有良好的生态环境和灿烂的地方文化，旅游业发展条件得天独厚，因此带动了酒店业的蓬勃发展。酒店或依山或临水，或隐居山间或身居闹市，设施齐全，可以为游客提供全方位的旅行服务，满足不同游客的旅游需求。县内既有星级酒店，也有各种特色的乡村旅馆。

表8.2　休宁部分星级酒店一览(截至2014年)

名　称	星　级	地　址
黄山凤湖烟柳度假酒店	5星	休宁县齐云山西大道，近海阳大桥
黄山学而会议中心酒店	5星	休宁县黄山北路1号
黄山新宇假日酒店	4星	休宁县萝宁街91-1号
黄山光明假日大酒店	4星	休宁县齐云山东大道松萝路2号
黄山恒升徽韵酒店	3星	休宁县齐云山东大道8号
休宁松萝宾馆	2星	休宁县横江路9号
休宁利民宾馆	2星	休宁县齐云山大道41-9号

续 表

名 称	星 级	地 址
休宁安宁旅社	2星	休宁县海阳镇率水路83号
休宁龙华快捷宾馆	2星	休宁县齐云山西大道179-3号

表8.3 休宁部分民宿客栈一览（截至2014年）

名 称	地 址
休宁齐云山林间小筑客栈	休宁县齐云山景区月华街内010号
休宁齐云山接旭楼	休宁县齐云山景区月华街36号
休宁虹楼客栈	休宁县海阳镇松萝路虹楼苑4幢南3号
休宁齐云山天宫府客栈	休宁县齐云山景区月华街3号
休宁古城客栈	休宁县海阳镇古城路80号

三、畅行休宁

1.航 空

休宁县属于黄山市管辖，距离最近的就是黄山屯溪国际机场。黄山屯溪国际机场位于黄山市屯溪区。

2.铁 路

皖赣铁路经过休宁县，在海阳镇设有四等站。

3.县内交通

休宁县各个郊区景点之间一般都有中巴车。

表8.4 休宁部分旅行社一览（截至2014年）

名 称	地 址
黄山市祥源国际旅行社	黄山市屯溪区龙翔御景2幢1单元1303室
黄山市自然风国际旅行社	休宁县海阳镇万宁中路大千苑小区3幢3013室
黄山市途牛国际旅行社	休宁县蓝田镇儒村
黄山宝中康泰国际旅行社	休宁县齐云山西大道153-9号
黄山学而旅行社	休宁县海阳镇黄山北路1号

四、乐购休宁

（一）万安罗盘

罗盘也叫罗经、罗经盘、罗针等，取包罗万象、经纬天地之义。在古代，罗盘广泛应用于航海和堪舆。它由指示方向的磁针和占测方向的占盘组成。指南针位于罗盘的中心，它的周围是占盘。占盘是由按同心圆次序布列若干层次并以一定规律和原理排列的数字构成的方位盘。此外，罗盘还分布为天盘和地盘两部分，象征着天圆地方。一个罗盘的面世需要经过裁坯、分格、清盘、写盘等8道复杂工序。万安历史上的罗盘店主要有方秀水、吴鲁衡、胡茹易、胡平秩罗盘店等。

（二）笋　干

笋是竹的嫩芽，其种类因竹而异。其中毛竹冬笋被誉为“黄山山珍”。它脆嫩鲜美、营养丰富，素有“宫廷美食”之称。笋干是竹笋经蒸煮、烘烤制成的一种干菜，是味鲜色美、脆香爽口、营养丰富的佐餐佳品。其烹调方便，耐贮藏，易保存，易包装运输。笋干系列产品有“条笋”“焙熄”“肥挺”“脱挺”和“小挺”等五种。

（三）松萝茶

松萝茶为历史名茶，属绿茶类，创于明初。松萝茶产于休宁县万安镇轮车村松萝山。山高882米，与琅源山、金佛山、天保山相连，山势险峻，石壁悬空，峰峦耸秀，松萝交映，蜿蜒数里，风景秀丽。“松萝雪霁”昔日曾被列为休宁海阳八景之一。

（四）白际葛粉

白际乡盛产野生葛根，用其加工的纯天然野葛粉，味甘、辛，性平，无毒，既是食品又是药品资源，经常食用者，年逾花甲依然骨骼强壮，耳聪目明，故有“健康长寿粉”之说，更具有“无味、无糖、无脂”的朴实之风，实为一种难得的生长于深山地下的纯天然绿色保健佳品。

（五）黄山野蕨

黄山野蕨，根茎粗壮，富含淀粉，其粉故名“粉蕨”或“蕨粉”，可做粉条、粉皮食用。其嫩苗似拳卷曲，故又称“拳头菜”，生于山林阴湿处，是我国南方山区群众喜食的一种野生蔬菜。

（六）璜尖高山茶

璜尖高山茶产于休宁县东南端白际山脉南麓的璜尖乡。境内海拔600～1 300米，因为受亚热带季风气候影响，常年雨量充沛、气候湿润、云雾弥漫，非常适合茶叶的生长。璜尖茶园就分布在海拔800米以上的山坞深谷中。这里气候温和，雨量充沛，土壤肥沃，空气湿度大，日照时间短。在这种特殊条件下，孕育了璜尖高山茶色泽绿润、香气浓烈持久、滋味醇厚的独特品质。

（七）白岳黄芽

白岳黄芽产于休宁县城西15千米处的齐云山上，又称为“齐云毛峰”。白岳黄芽，色泽黄中隐翠，白毫满披，一叶包一芽，状似金边镶碧鞘，碧鞘裹银箭，十分别致，冲泡后即可闻到一股兰花暗香。香味清爽持久，馥郁诱人。开汤观赏茶水明亮，芽状肥厚，酷似雀舌，入口醒脑，回味甘甜。

（八）五城米酒

五城米酒产于休宁县五城镇。五城是水陆交通要津、千年古镇，早在唐代就成为皖浙赣三边的商贸集散地和水运码头。五城的米酒文化与其酿造技艺一样源远流长。唐至德二年（757），作为江夏名宗的五城黄姓人，每年举办“将军会”祭祀为平叛“安史之乱”而殉国的张巡将军，米酒成为这种既有中原古风又具吴越韵味的五城“将军会”祭会主饮料。

五、玩转休宁

（一）“灵动新安源，绿水溢茶香”一日游

风雅茗洲（流口镇茗洲村）—诗画流口（流口镇流口村）—福地右龙（鹤城乡右龙村）—大美新安源（新安源村，六股尖瀑布）—红色石屋坑（汪村镇石屋坑）。

（二）灵动横江——状元古城文化二日游

第一天：早上爬齐云山，下午玩太极漂流，夜宿休宁县城。

第二天：上午游大熊猫生态乐园、山越民俗风情园、状元文化博物馆，下午游横江公园、见明堂民俗博物馆，晚上逛万安老街、古城岩，夜宿休宁，次日返程。

（三）民俗风情娱乐

1.仗鼓舞

时间：每年农历七月二十四。地点：休宁县五城镇。

主要内容：仗鼓舞是流行于休宁五城、榆村和屯溪黎阳一带的一种民间舞蹈，又名“得胜鼓”。传说是为了纪念唐代大将张巡、许远抗击安禄山叛军得胜，而击鼓欢庆。此舞由数十人表演，击鼓者打扮成武士，短打紧身，十字披红，颈挎仗鼓（扁圆形皮鼓），右手紧握短而粗的鼓槌，左手持健铃，随着行进步伐击鼓面或敲鼓边。另有十数人手持檀木夹板，边行进边击拍，发出清脆的响声。队列前面有一对大红灯笼，一人持纛，上书“得胜鼓”三字，后随一队蜈蚣旗幡，整个场面威武雄壮，令人振奋。

2.抬　阁

时间：与迎神赛会同时举行。地点：休宁县万安古镇。

主要内容：抬阁是流行于休宁的一种民间游艺，又称“抬角”。抬阁共分上、中、下三层，将俊俏儿童装扮成一出出故事人物，安置在三层抬阁上，底盘由四至八名彪形大汉抬着。抬阁的四周用纸扎成龙、凤、鹤、祥云、水花等彩灯，巡游时彩灯内点燃蜡烛，映照着服装鲜艳的儿童，远远望去，酷似天仙下凡。抬阁上的人物不唱不做，但配上鼓乐开路、锣钹断后，热闹非凡。

3.水龙庙会

时间:每年农历四月初十。地点:休宁县万安古镇。

主要内容:水龙庙会是一种公共防火演习活动。在万安古镇各店家聚会期间,将“水龙庙”内的消防设备搬到庙前的“坦”上,进行一年一度的检修,各店家也将自备的消防设备一并拿出来检修,在河边试用消防用的“水枪”。同时,请来戏班,连续演出三昼夜,称“火烛戏”。戏目多与水有关,如《水漫金山》《水淹七军》等。

六、游遍休宁

(一)万安——乡村旅游福地

1.景点介绍

万安位于休宁县城东4千米处,为徽州四大古镇之一。横江由西向东呈马蹄形绕过。公元258年至589年,万安一直为休宁县县治所在地。明清时期,随着徽商的崛起,万安成为下通州治(今歙县)、杭州,上入县城达安庆、赣湘的重要水陆要道,而那条依横江而建的五里街衢,更是以浓厚的文化气息和丰富的商业内容闻名遐迩,成为明清时期休宁九大街市之首。

万安是古徽州重要水陆码头之一,镇区依横江而发展,通过水路东经横江至屯溪,下经新安江直达杭州;西溯横江而上,经休宁县城达黟县渔亭。古镇的街和巷,构成其鱼骨状的街巷系统格局。万安的水埠码头是古镇的一景,吸引了不少游人的目光。从老街拾级而下,穿过临江的巷弄,眼前豁然开朗,横江舒缓开阔,江水碧绿清澈,近处鱼儿穿梭,远处帆影点点,对岸良田万顷,青山四围,此处风景独好。绿水相伴的万安古镇,在明清时拥有大小水埠80多处,是当时极为热闹繁忙的商埠码头。

古镇的东西向仅有一条主街——万安街,垂直于万安街衍生出十数条巷子,仿佛是鱼的肋骨。这样一条并不复杂的道路长期服务于古镇繁忙的内部交通和日常生活,构成古镇独特的街巷空间格局。由古镇的布局结构可以非常清楚地看出街巷和码头的直接联系——亲水性。滨水区既是连接古镇陆域、水体的中间地带,也是协调古镇宏观环境与微观环境的中观环境,在古镇中处于中介空间的地位。临江高数米、长1 000余米的护岸，用红砂岩石砌成，为滨水区提供了坚实的建筑基础。水体、古水埠码头、古桥、岸线的内凹和外凸、滨河古建筑、渡口及渡船等共同构成了万安秀丽宜人的滨河水景观。

（1）水运码头：由于万安在历史上所占据的重要水陆交通地理位置，其水运设施是古镇中最有特性的要素。古镇中现保存完好的码头有12处，货运公共码头、私人码头和渡头等又各具特色。在古镇与对岸之间，设有渡船以利交通，渡口位于富来桥南侧，主要用于渡人而不是渡货。人们可以沿石板坡道直下至江边上船。

（2）古塔、古桥：万安镇现存古塔3座、古桥4座。三塔鼎立，气势宏伟，在黄山市范围内已是绝无仅有。古塔分别是古城塔、巽峰塔和富琅塔。古城塔位于古镇东部的古城岩，又称万寿塔，建于明嘉靖初年。下层外围21.3米，高29.6米，内空直径3.37米。底层以红麻石为基座，砖砌塔身，六角七层。底层有两个拱门，其他每层一门。翘角挑檐，镂有花卉藤草与波浪图案，生铁塔顶，向东南方倾斜。

古桥中富来桥、轮车桥和观音桥均处于镇区内，分别与周围的建筑、溪流共同组成“小桥、流水、人家”的风貌景观。古城桥则与古城塔、古城岩、横江水共同构成一幅气势宏伟壮观的绝妙图画。古城桥在镇东古城岩下，明万历十年（1582），徽州知府高时倡建，又名高公桥，清康熙五十五年（1716）重修，乾隆三十八年（1773）桥圮，五十二年（1787）休宁县人捐资重建。

2. 名人点赞

古人非常赞赏古镇东边古城岩的优美胜景，将其称为“寿山初旭”，列为休宁县“海阳八景”之一，并有诗赞道：“天鸡咿喔起云霄，绝顶曦光接斗杓。赭玉盘开红晕迴，黄金轮涌赤波遥。一峰高向三光拱，万岁名应百世标。放眼扶桑胸次旷，不辞扪葛上岧峣。”

元代汪泽民有《古城岩》诗描述道：“炀帝南游四海兵，石门凭险待时平。至今万岁山头庙，犹有居民说古城。”

被人赞誉为“小小休宁城，大大万安街”。

3. 景点信息

地址：黄山市休宁县。

交通：到黄山市区后在黄山客运总站坐车到万安。屯溪到万安的车很多，半小时一班。

用时参考:2小时。

(二)黄村——追寻荫馀堂的故事

1.景点介绍

安徽历史文化名村黄村位于黄山市休宁县商山境内，距今1 200余年的历史，原名黄川，以黄姓聚族而居。传说黄村黄氏的祖先就是中国历史上大名鼎鼎的农民起义领袖黄巢。早在公元880年，黄巢起义，黄思诚之子黄恭“避兵，迁黄川大塘源即里村，是为黄川黄村始祖”，因“居斯者皆姓黄，又其地多池沼，故名”。徽州古村落有一条千年不变、万古遵循的风水定律，那就是讲究依山傍水，力求避风向阳，黄村自然也不例外，但黄村更有自己的特色。俯瞰黄村，整个村子分上门、下门两部分，相距里许，一山之隔不相见，一水之脉紧相连，犹如处在一个大大的葫芦里。上门朝东南，下门朝西北，阴阳相对，天人合一，完美无缺。而无论上门还是下门，四周翠绿青山一座连一座，酷似盛开的莲花。晨雾缭绕或烟雨迷蒙时，外人立村中，定然分不清东南西北、村头村尾。且每一座山头又各具特色，生出无限造化来。早在宋朝，黄氏六世祖黄思盛有感于山川形胜，“取山川形状与物类者得其八号，为黄川八景”。这八景就是“东山吐月”“南冈揭斗”“远障蟠龙”“大塘涵璧”“层岭覆帽”“石岭闻钟”“松林巢鹤”“临田伏龟”。

黄村因一座古民居“荫馀堂”漂洋过海落户美国波士顿而享誉海内外。荫馀堂是一座典型的徽州古民居，始建于清朝康熙年间(1662—1722)，是一幢四合五开间砖木结构的跑马楼，占地500平方米，内有16间卧室，以及中堂、贮藏室、天井等。顾名思义，“荫馀堂”，意思是要荫及子孙后代，先后有8代黄家子孙居住于此。1997年春天，美国“田野小溪艺术文化基金会”顾问南希女士偶然发现了濒临拆除的荫馀堂，她决定采用异地保护的方法，“挽救”这座徽州古民居。经过7年多的策划、施工，斥资1.25亿美元，由荫馀堂拆下的2 700块木件、8 500块砖瓦、500块石件，被装进40个国际标准货柜，漂洋过海运至美国，被整体搬迁至美国马萨诸塞州的埃塞克斯博物馆内修复重建，并按照中国传统，行上金花、披红布、安五谷袋、订五色布、上香、敬酒等破土上梁仪式。2003年6月，当荫馀堂连同扩建后的博物馆一起正式对外开放时，1万余人争相前来一睹徽州民居的风采，荫馀堂在异国大地上重现异彩。

在古徽州，程朱理学和尊师重教的思想备受推崇，民间流传着“生子不读书，不如养头猪”的俗语，黄村虽偏居一隅，却也深受影响。黄村小学是安徽省在清末建立的第一批新式小学之一，黄村小学对本族子女入学实行免费，外族子女入学适当收费，贫困家庭酌情减收或免收学费。黄村小学一贯奉行陶行知“知行合一”的教育理念，从一开始就吸引了热衷国民教育的饱学之士来此传道授业解惑，黄定甫、朱自煊、黄兰、金家骐、朱典智、唐永宽、胡浩等知名人士在此度过了闪光的年华，为黄村培育了一代又一代新人。1914年，著名教育学家黄炎培骑马亲临黄村小学视察，远远地就听见深山中黄开祥讲课声如洪钟，非常感慨，更坚定了邀请同学黄开祥赴教育部任职决心。岂料黄开祥抱病在身，黄炎培便书赠黄开祥“知君所学随年进，许我重游到皖南”，为黄村留下了千古流芳的墨宝。

2.游客点赞

“黄村的粉墙黛瓦马头墙，形成了独特的徽派建筑，掩映在青山间，呈现出自然和谐的美。”

3.景点信息

地址：黄山市休宁县黄村。

交通：可以从休宁县乘坐前往黄村的汽车。

用时参考：2小时。

（三）板桥乡——中国泉水鱼之乡

1.景点介绍

板桥乡位于休宁县西南隅。全乡面积约78平方千米，西南与婺源县的浙源乡、段莘乡毗邻，其余三边分别与本县溪口镇、汪村镇、陈霞乡相邻，属亚热带季风气候，年均降水量1 700毫米。沂源河发源于浙岭北侧的羊角尖（鄱阳湖水系与新安江水系分水岭），由西南向东北横贯全境，是新安江的四大源头之一，境内全长19千米。四周有大余山、觉岭、浙岭、高湖山、南山尖、铜岭尖等群山簇拥，其中大余山为全乡最高峰，海拔1 243米。

板桥乡盛产的休宁特产“板桥冷水鱼”富含硒元素，烹后鱼骨淡黄柔软、肉质清鲜甘甜，具有抗衰老、软化血管、益肠明目等特殊功效。按照红烧、清炖、油炸、粉蒸等方式烹饪，比其他地域养殖的鱼类更具营养价值、更加美味。

为了使广大游客能品尝到板桥泉水鱼，目前在板桥乡樟前村徐源组设有泉水鱼养殖基地，其中建有农家乐两家，为的就是让游客在第一时间品尝到板桥泉水鱼的新鲜美味。

2.游客点赞

游客形容板桥乡“房屋前后，溪流两旁，冷泉流水养鱼，鱼跃影，人欢笑……”。

3.景点信息

地址：黄山市休宁县。

交通：从休宁县城有公交车前往板桥乡。

用时参考：3小时。

第九章　绩溪——敬宗睦族的神圣之地

绩溪县隶属宣城市，位于安徽省南部，是古徽州六县之一、徽州文化的发源地之一。西与黄山区接壤，东与浙江省临安市交界，南与歙县相连，北与宁国市、旌德县毗邻，为低山丘陵山区，西部为黄山支脉，东部为西天目山脉，主要山峰皆在千米以上。它是国家历史文化名城，县域面积约1 126平方千米，辖11个乡镇81个村(社区)，人口18万人。绩溪因水而得名，据县志记载，县北有乳溪与徽溪，相去一里并流，离而复合，有如绩焉，故名绩溪。

“无徽无成镇，无绩不成街。”绩溪是徽商故里，是徽菜、徽墨的发源地，素有“徽厨之乡”“徽墨之乡”“蚕桑之乡”之称。古往今来，绩溪以“邑小士多，代有闻人”著称于世，涌现了许多名人，是徽墨大师胡开文、“红顶商人”胡雪岩、新文化运动著名人物胡适的故乡，是胡锦涛同志的祖籍地。从地域文化上讲，绩溪是徽州文化的核心地带；从历史渊源上看，绩溪是徽州文化有机整体的重要组成部分，徽州文化中充满了闪耀的“绩溪元素”。

一、食在绩溪

绩溪素有“中国徽菜之乡”的称号，无论是风味小吃，还是宴会大菜，都能做到清新雅致，鲜嫩可口。绩溪代表美食有一品锅、蒸糕等等。

(一)绩溪一品锅

绩溪一品锅，农家菜，属于徽菜，发源于绩溪县上庄。口味：咸鲜微辣，鲜嫩可口。绩溪一品锅已经成为徽菜的代表菜品之一，梁实秋先生品尝了一品锅之后，对此菜大加称赞，曾撰文详尽描述：“一只大铁锅，口径差不多二尺，热腾腾地端上来，里面还在滚沸，一层鸡、一层鸭、一层肉、一层油豆腐，点缀着一些蛋饺，紧底下是萝卜、青菜，味道好极。”

（二）绩溪蒸糕

制法：先将糯米放在水中浸透，然后在乡间水碓或石臼上捣碎，再用细眼铜筛过滤，加工成米粉，晒干贮存起来。食时，先将糯米粉盛放在木盆内，加入适量水和微量酒酿，然后搅拌成糨糊状，保持一定的温度，让其发酵。当糯米粉糊发酵成蜂窝状时，遂按甜咸两种蒸糕味道配料。甜蒸糕需在糯米粉糊中拌入若干白糖、小红枣及红绿丝等配料，咸蒸糕需将事先炒熟的豇豆干丁、豆腐干丁和瘦猪肉丁拌入糯米粉糊中。配好料后倒入蒸笼内，厚度约一厘米。蒸糕时，将蒸笼一层一层地叠放在锅内，盖好锅盖后，先温火烧四五分钟，旋即转旺火烧十来分钟，等锅内蒸气上顶数分钟后，再用温火烧若干分钟。当锅内散发出特有的香味时，便可享用蒸糕了。

（三）伏岭玫瑰酥

伏岭玫瑰酥是久负盛名的传统糕点，产于绩溪县伏岭村，因其内有玫瑰花为辅料，具有玫瑰花香而得名。

材料：以细白糖、芝麻、面粉、饴糖等为主料，辅以玫瑰花、青梅、橘饼、红绿丝制成。制法：芝麻手工脱壳，炒熟后碾碎过筛拌上细白糖烘干成芝麻屑。用少量饴糖和拌有芝麻屑的上等面粉分层卷叠起来，按一定规格切成块后，表面再均匀地撒上细白糖、玫瑰花、切细的青梅、橘饼、红绿丝等。

（四）绩溪臭鳜鱼

臭鳜鱼是徽菜特色美食，是传统佳肴，已有两百多年的历史。鱼先腌后烧，肉似臭实香，嫩而鲜美，具有特殊的发酵香味。鳜鱼肉质白嫩，营养丰富。

（五）火烧冬笋

火烧冬笋系山区传统风味。制法：将冬笋连壳埋入木柴火灰中，焐焖至手感微软时拨灰取出，去壳、根，用菜刀的后部插入笋肉中向外撬成一块块如劈柴状的条块，另用番茄酱、甜面酱、辣酱、芝麻油、酱油、葱姜汁等作调味品（可根据个人喜好选用）。冬笋脆嫩，入火灰中焐焖，笋内水分损失少，不失原味，用刀将笋肉撬下，笋肉表面毛糙，极易吸收卤汁，故味浓，质清脆鲜嫩。

表9.1　绩溪部分特色餐饮小吃店一览

名　称	地　址
徽味江南	绩溪县华阳镇龙川大道252号
醉　美	绩溪县华阳镇杨之北路
紫园山庄	绩溪县华阳镇上马石村
古道饭店	绩溪县伏岭镇鱼川村
铭辉土菜馆	绩溪县华阳镇登源路7号
满客苑酒楼	绩溪县华阳镇龙川大道329号
徽州故里大酒店中餐厅	绩溪县华阳镇登源路
古月楼酒家	绩溪县瀛洲镇龙川景区停车场附近
聚和园	绩溪县华阳镇梓潼路
逍遥人家	绩溪县伏岭镇下雪堂

二、住在绩溪

绩溪县旅游资源丰富，自然风光优美，人文历史悠久，拥有良好的生态环境和灿烂的地方文化，具有得天独厚的发展旅游的条件，因此带动了酒店行业的蓬勃发展。酒店或依山或临水，或隐居山间或身居闹市，既有星级酒店，也有各种特色的乡村旅馆，设施齐全，可以为游客提供周到的旅程服务，满足不同游客的旅游需求。

表9.2　绩溪部分星级酒店一览（截至2014年）

名　称	星　级	地　址
绩溪上河国际酒店	5星	绩溪县华阳镇上河徽院
绩溪品悦大酒店	4星	绩溪县华阳镇方家园150号
宣城龙川迎宾馆	4星	绩溪县瀛洲镇龙川景区
绩溪国际大酒店	4星	绩溪县华阳镇龙川大道252号
绩溪徽都商务宾馆	3星	绩溪县华阳镇工业园区锦屏路2号
绩溪龙裔度假酒店	3星	绩溪县华阳镇扬之南路106-1号
绩溪宾馆	3星	绩溪县华阳镇适之街29号
绩溪龙之川大酒店	2星	绩溪县华阳镇扬之北路9号
绩溪徽商大酒店	2星	绩溪县华阳镇文峰路28号
绩溪徽源宾馆	2星	绩溪县华阳镇方家园67-3号

表9.3　绩溪部分民宿客栈一览（截至2014年）

名　称	地　址
绩溪柏山农家乐	绩溪县三十八号村五丰坡组22号
绩溪徽韵人家农家乐	绩溪县伏岭镇永来村
绩溪如心小栈	绩溪县瀛洲镇龙川景区20号
绩溪蓝天凹徽杭之家	绩溪县伏岭镇徽杭古道蓝天凹
绩溪老胡客栈	绩溪县瀛洲镇坑口村126号
绩溪龙川尚书府客栈	绩溪县瀛洲镇龙川村125号
绩溪家朋阿玲客栈	绩溪县家朋乡涧滨路111号
绩溪舒馨旅社	绩溪县华阳镇何川小区136-1号
绩溪红升农家乐	绩溪县伏岭镇邮政局隔壁
绩溪连心旅社	绩溪县华阳镇车站新村36号

三、畅行绩溪

1.公路(自驾)

（1）从上海到绩溪，走沪杭高速转徽杭高速，全程约需4小时。

（2）从苏州到绩溪，最佳线路是苏州—嘉兴（乍嘉苏高速）—杭州（沪杭高速）—绩溪（徽杭高速），全程400千米左右。

（3）从南京到绩溪：宁马高速—沿江高速（马鞍山—芜湖）—宣城（宣杭高速）—绩溪（扬绩高速）。

（4）从南昌到绩溪：南昌—九江—景德镇—婺源—黄山—绩溪，全程均为高速公路。

（5）从武汉到绩溪：武汉—景德镇—绩溪，约600千米。

2.铁　路

绩溪火车站为二等站，距黄山屯溪国际机场仅57千米。

京福高铁绩溪北站2015年开门迎客。

表9.4　绩溪部分旅行社一览（截至2014年）

名　称	地　址
绩溪徽之旅旅行社	绩溪县华阳镇龙川大道43号
绩溪洄洲旅行社	绩溪县华阳镇龙川大道印潭路203甲
绩溪中汇旅行社	绩溪县华阳镇扬之北路与梓潼路交叉口北侧光明大厦一楼
绩溪春秋国旅	绩溪县华阳镇翠溪山庄

续 表

名称	地址
绩溪黄山旅行社	绩溪县华阳镇环城路33号
皖南绩溪海峰旅行社	绩溪县华阳镇适之街A101
绩溪县劳模旅行社	绩溪县华阳镇望徽路1号
徽州旅人旅行社	绩溪县华阳镇安吉广场四单元302室

四、乐购绩溪

(一)绩溪山核桃

山核桃,属胡桃科山核桃属,为落叶乔木,俗称小胡桃、小核桃。生长在气候优越、土壤肥沃、植被茂盛的山区,以灰岩风化形成的油黄泥土、黑色石灰土、钙质页岩等土壤最佳。这类土壤透水性强,深厚肥沃,微酸性或中性。山核桃主要产于皖浙边境的天目山区,盛产于绩溪、宁国、临安等地,属于稀特产品。

(二)绩溪燕笋干

绩溪燕笋生长于绩溪大鄣山一带,这里雨量充沛、温度适宜、植被茂盛,利于笋的生长。笋干是幼嫩竹笋的干制品,是传统菜肴的高级配料。绩溪燕笋干美味独特,营养价值高,为野生无公害食品之珍品。

(三)绩溪板栗

板栗生长于皖南山区,采摘时间在每年八九月份。新鲜板栗经煮熟后,用“青柴”炭火焙干,去壳后封装备用。板栗烧肉味道尤其鲜美。绩溪县金沙镇葛里村盛产板栗。

(四)绩溪石耳

石耳属地衣门石耳科,呈耳状,块大厚实,表面有绒毛,背面灰黑色,腹面黑褐色,背腹两面均有皮层,子囊盘为黑色,有碳质的囊盘壳,盘面平坦或有各种形状的沟槽。腹面中央有脐状突出物,借此着生在基质上。常年生长在悬崖绝壁阴湿处的石缝中，又形似黑木耳，故名“石耳”。

（五）龙须山野生杨梅酒

以野生杨梅果为原料，采用独特工艺精制而成的果酒，具有醇和舒畅、酸甜适口的杨梅酒的独特风味。饮后有“消食健胃、生津止渴”之功效，乃上乘饮品。

（六）绩溪茶树菇

茶树菇是一种对木质素、纤维素分解能力较弱的木腐菌。茶树菇营养丰富，蛋白质含量高达19.55%。所含蛋白质中有18种氨基酸，总氨基酸含量为16.86%，包括人体必需的8种氨基酸，其中含量最高的蛋氨酸占2.49%。另外，还含有丰富的B族维生素和钾、钠、钙、镁、铁、锌等矿质元素。中医认为，该菇性甘温、无毒，有健脾止泻之功效，并且有抗衰老、降低胆固醇、防癌和抗癌的特殊作用。

（七）绩溪绿茶

绩溪绿茶采摘期为每年清明至谷雨期间，选摘初展肥壮嫩芽，手工炒制。干茶外形微卷，状似雀舌，绿中泛黄，银毫显露，且带有金黄色鱼叶（俗称黄金片）。入杯冲泡，雾气结顶，汤色清碧微黄，叶底黄绿有活力，滋味醇甘，香气如兰，韵味深长。新制干叶白毫披身，芽尖峰芒。

（八）金山时雨

原名“金山茗雾”，主产地为上庄镇金山，南宋时被选为贡品，属绿茶珍品，早在民国时期就驰名沪汉，出口南洋。当年胡适家族在上海做以茶叶为主的生意时，卖的便是家乡的名茶“金山时雨”。该茶条索紧细，形似雨丝，微带白毫，汁醇厚，味芳香，爽口，回味甘甜，汤色清澈明亮，叶片嫩绿金黄，耐冲泡，第3次兑水味道最佳。4月中下旬1芽2叶初展（俗称“莺嘴甲”）时采摘，每千克约5 000个嫩芽。

(九)胡开文墨

胡开文墨自清乾隆四十七年(1872)由绩溪人胡天注创始以来,已有一百多年历史。1910年,胡氏精心制作的“苍佩室”牌地球墨,在巴拿马万国博览会展出并获金质奖章。胡氏系列产品由纯油烟、天然麝香等16种珍贵药材精制而成,具有色泽黑润、落纸如漆、润泽生光、藏久愈佳、干燥不裂等特点,是高级书画用墨和精美的工艺品,具有很高的实用价值、艺术价值和收藏价值。

五、玩转绩溪

绩溪充分利用本地丰富的山水人文资源优势,大力发展特色旅游业,把旅游业作为县域经济支柱产业加以培育,旅游经济取得了长足发展,并跻身安徽省首批14个“旅游经济强县”行列,旅游产业的辐射带动作用逐步显现。

(一)绩溪名人故里一日游

早晨从县城出发,赴AAAAA级旅游景区龙川参观水街、奕世尚书坊、都宪坊、胡氏宗祠,然后游览紫园景区(五凤楼、古碑廊、徘徊亭、待云阁、环翠桥、葫芦池、承泽堂、松枫堂、高云堂和闺阁楼等)。中餐后参观绩溪县城内胡雪岩纪念馆;然后去胡宗宪尚书府看胡氏祖居,读胡氏家谱,游豪宅迷宫;最后游览太极湖村,结束旅程。

(二)水墨绩溪二日游

第一天:早餐后赴龙川景区,然后参观胡雪岩纪念馆,夜宿绩溪县城。

第二天:早餐后游览国家级自然保护区清凉峰北大门——鄣山大峡谷,接着参观全国农业旅游示范点——五蜂园,中餐后返回,结束旅程。

(三)中国历史文化名城——绩溪三日游

第一天:中午到达绩溪,中餐后游龙川(水街、胡氏宗祠、奕世尚书坊、尼姑庵、紫园景区),然后游胡雪岩纪念馆。夜宿绩溪。

第二天：早餐后游障山大峡谷“伟人石像”“葫芦潭”“冠顶松花”“百丈岩”等。接着去胡宗宪尚书府、太极湖村。夜宿绩溪。

第三天：早餐后游上庄景区，参观胡适故居、胡开文纪念馆。中餐后返程。

（四）民俗风情娱乐

1.赛琼碗

时间：正月十八至二月二十五。地点：绩溪县。

主要内容：轮流在宗祠、村庙里举行花朝会。案桌上除了摆放粗如断柱的大红烛、壮如牯牛的会猪和清茶、美酒、水果、糕点外，更多的是用名贵瓷盘瓷碗盛装的各种山珍野味和由农家土产精制的、象征“五谷丰登”“吉祥如意”“洪福无边”“福寿绵长”的各色美味佳肴。

2.绩溪安苗节

时间：每年六月中旬。地点：绩溪县。

主要内容：举办“金山时雨”茶文化旅游节系列活动，百名茶商游上庄暨“金山时雨”茶产业发展论坛，“金山时雨杯”摄影艺术大赛，文艺演出，美丽上庄图片展，上庄特色产品展销会，等等。

六、游遍绩溪

（一）上　庄

1.景点介绍

上庄坐落在绩溪县芦昆常盆地的西部，三面环山，北有大会山，西有南云尖和北云尖，南有贵人峰；源于黄柏凹的常溪河出山后汇上金山之水，流入芦昆常盆地，由西北向东南流至花楼山下汇北来之上溪（昆溪与芦水汇合后之称）称大源河。村落依竹根尖、傍常溪河而建，背靠大山，负阴抱阳，山环水绕，外围山水宛如太师椅状，整个环境构成“左青龙、右白虎、前朱雀、后玄武”之势，上庄恰好处于的“藏风聚气”中心位置。

（1）上庄文化长廊。文化长廊和上庄古建筑群、胡开文纪念馆、胡适故居等旅游景点融于一体，成为上庄文化旅游的一个新看点。上庄村历史悠久、文化厚重、风光秀丽，古时就有“杨林夜月”“井皋松风”“西岩瀑布”“竦岭积雪”“曲水澄澜”“金山茗雾”“竹峰插云”“兹山晚钟”八景，每一景都有一个动听的故事。在上庄村村口，有一处古老的水口叫杨林水口，古貌依旧，溪水潺潺，月色宁静，树影婆娑，拱桥横卧，为“上庄八景”之首。作为上庄村文化长廊的重要建设内容之一，上庄八景图是以古时上庄八景为素材，以传统水墨墙画的形式将秀丽的上庄古景重新展现在世人面前，一景一意境，格调高雅而又朴实自然，乃诗中有画，画中有诗，韵味绵长。

(2)胡开文故居。坐落在绩溪县上庄村口水圳边，占地400多平方米，原为胡开文长房胡恒德祖屋，属通转楼式古建筑。这是绩溪第一幢用钢筋水泥材料建成的中西合璧式建筑，其结构与装饰极其协调。在当时公路尚未开通的条件下，主要靠人工和畜力把钢筋和水泥辗转从上海运进深山区建房，实在是一件不易之事。胡开文故居三开间，大门朝东，上额饰有砖雕花纹，上方有一匾额。房屋虽破，但风韵犹存。

(3)胡开文纪念馆。由胡开文的长房七世孙80多岁的胡恩诰创办。“胡开文纪念馆”六个行草大字，由书法家沈鹏题赠。馆藏极为丰富，六只靠壁玻璃大橱和中间一张大玻璃桌，分别陈列有胡氏祖创各种名墨的复制品，如丽龙珠、古瑜麋、千秋光、龙翔凤舞、御园圆六十四景图、黄山三十六峰图、西湖景诗图、十大仙、十二生肖诗图、荣获巴拿马万国赛会金奖的“地球墨”及其奖状、奖章照片等。另外，还复印陈列有一部皖境孤本全集《墨数》(即清代制墨四大家的御制墨谱)，《徽墨志》《徽州府志》和各县县志及《明经胡氏宗谱》有关部分。

(4)胡适故居。坐落在上庄村西南，被列为省级重点文物保护单位。村中有一条宽不过1米的小路，铺着窄窄的花岗岩石条，以胡适的字“适之”命名。沿着适之路一直走向村落深处，就是胡适故居。这是一座结构紧凑、精致典雅的徽派民居建筑。进入大院，迎面是一排坐北朝南的徽派民居，主屋正厅三开间，两层楼，前后进，通转楼式。

内设四个展厅，展品包括胡适及其家人曾经使用过的家具，以及一些珍贵的照片和文献资料。其中，有蒋介石送给胡适的一幅挽联：“新文化中旧道德的楷模，旧伦理中新思想的师表。”故居建筑中“砖雕”“石雕”“木雕”特色鲜明。正厅堂前的窗栏和书房门等处，是清一色的以兰蕙为主体的木雕装饰，平底阴刻，淡淡数刀，勾勒出这山中香草之魂。兰为香祖，一向为人们推崇，也正是胡适学识超群、自命清高的写照，反映了房室主人的立世风格。在小小的书房里，似乎能感觉到胡适小时候的与众不同。在众人的印象里，这位新文化运动的著名人物似乎一直谦虚而温和，但正厅中堂一只瓷瓶上却写着“宁鸣而死，不默而生”，让人震撼的文字，透出一股书生意气。

2.游客点赞

“一个远离市区的山庄，空气新鲜，很适合缓解压力。”

3.景点信息

地址：宣城市绩溪县上庄村。

交通：绩溪县城至上庄约40千米，县城汽车站有班车开往上庄。

用时参考：2小时。

（二）仁　里

绩溪仁里是一个典型的徽州古村落，至今村里还保留着大量的元、明、清时期的建筑。仁里依山傍水，文化积淀深厚，是古徽州名副其实的“程朱阙里”。历史上，仁里是徽商会集的水陆码头，聚财蓄气，千丁万灶，素有“小小绩溪县，大大仁里村”之说。仁里是徽杭古道上的重镇，村内有古城门、古祠堂、古牌坊、古民居、古书院、古码头、桃花古坝、古井等历史建筑遗存，足见仁里古时商业重镇的形象。

1.景点介绍

仁里村位于登源河西畔，自古就是一个依山傍水的风水宝地。登源河发源于徽杭古道江南第一关——逍遥岭，流经伏岭村、北村、龙川、瀛洲、仁里、湖里、中王、周坑、高车等数十个村庄，到临溪汇入扬之河。登源河全长约55千米，是绩溪第一长河。

考古发现，早在新石器时代，这里就有人类活动，村南有龟山遗址。一条数里长被称为桃花古坝的护村坝，蜿蜒如蛇。过去，坝上栽满了柳树、桃树，一到阳春三月，便有“绿杨啼宿鸟，晓雾罩桃红”之景象。村落隐隐约约，“近村随地有烟霞”，显现出奇特山水的娟秀之气。

由于人口发展迅速，明末清初曾改称大仁里。村中有一处耿姓遗迹——近1 500年历史的“百步钦街”。根据耿尚书的功勋，皇帝御赐其“免征地”一块，在村东井地段用砖砌垒“百步钦街”一条。青砖竖排铺筑，俗称“钉栓砖”，意为金砖铺地，并造有廊亭，遮阳避雨，文官至此下轿，武官至此下马。如今，廊亭虽毁，但"百步钦街"道路保存完好。村中有东、西两口古井，相传东井是皇帝为下嫁仁里的公主所修。

2.名人点赞

明清时期，被古人称赞为"小小绩溪县，大大仁里村"。

3.景点信息

地址：宣城市绩溪县瀛洲镇仁里村。

交通：在绩溪县汽车站坐县城到龙川的班车在仁里站下，往仁里方向走500米即到目的地。

用时参考：2小时。

（三）龙　川

绩溪龙川，历史悠久，风光秀丽。明末抗倭名将胡宗宪即为龙川胡氏第36代子孙。龙川是坑口村古称，位于绩溪县城东北约12千米处。该村地势独特，风景优美。村前龙须山高大巍峨，村中一条小溪（称川）穿村而过，整个村庄轮廓呈船形。

1.景点介绍

龙川胡氏宗祠位于绩溪县瀛洲镇龙川村，建于明嘉靖二十六年（1547），清光绪二十四年（1898）重修，是全国重点文物保护单位。有关专家赞誉它是"中国古祠一绝"。宗祠坐北朝南，前后三进，占地总面积约1 271平方米。祠内装饰精美，尤以保存完好的各类木雕为最，有"徽派木雕艺术宝库"之称。龙川在明代曾出过两任六部尚书，是胡锦涛同志的祖籍地。

宗祠是聚族统宗、维护宗族的产物。宗祠的木雕主要分布在门楼、正厅落地窗门、梁勾、梁托和后进窗门等部位，均以龙凤吉祥、历史戏文、山水花鸟、优美境地等立意构图。越过古祠的大天井便是中进（即正厅），此乃族长举行祭典的大堂。它的基本构架由14根粗大的银杏树圆柱，采用枣木刻成莲花瓣托的柱基，架着大小54根冬瓜梁组成，抬梁和穿斗式相结合，威武壮观。正厅两侧和上首的花雕更是别具一格。两侧各10扇落地窗门以"出淤泥而不染"的荷花为主体图案，花形千姿百态，无一雷同。

正厅出来，走进正祠东侧的偏房，其结构分上下堂，高度仅有正祠一半，木雕